Andrea Vanek-Gullner

Lehrer auf vier Pfoten

Theorie und Praxis der
hundegestützten Pädagogik

D1701509

www.oebvhpt.at

Für Bodo, Emanuel, Gordi, Julia, Marcel, Matthias, Miriam, Natasa, Rico, Sandra, Sani, Sarah, Sascha, Simon, Tanja, Yannis und alle Kinder, mit denen ich arbeiten durfte.

1. Auflage 2007
© öbvhpt VerlagsgmbH & Co. KG, Wien 2007
Alle Rechte vorbehalten
Jede Art der Vervielfältigung, auch auszugsweise, gesetzlich verboten.

Umschlaggestaltung: Sabine Diemling
Umschlagabbildung: Andrea Vanek-Gullner
Fotos: Roswitha Gullner und Andrea Vanek-Gullner
    (Die Auswahl der Fotos erfolgte willkürlich und hat nichts
    mit den beschriebenen Beispielen zu tun.)
    Dank den Kindern der VS Steinberg-Dörfl im Burgenland sowie Max und Lukas!
Lektorat: Susanne Held
Herstellung: Sabine Diemling
Satz: Simone Vockner
Druck und Bindung: Holzhausen Druck & Medien GmbH, Wien
ISBN: 978-3-209-05747-1

INHALT

VORWORT von Max H. Friedrich

Kinder mit Behinderungen, Kinder, die davon bedroht sind und Kinder, die sich
verhaltensauffällig entwickeln, bedürfen der besonderen Aufmerksamkeit durch
Vertreter aller psychosozialen und organmedizinischen Berufsgruppen.
Aufgabe dieser Professionen ist, den Bogen von der Prävention über die Diagnostik,
die Indikation, die Therapie und schließlich die Rehabilitation zu spannen.
Aufgabe der Präventivmaßnahmen sind Früherkennung und eine Garantie zu bieten,
dass sich abzeichnende Symptome nicht verstärken, sondern vielmehr
in der Ausprägung verhindert werden.
Die Diagnose hat die Somatik, die Intellektualität, die Emotionalität und die
Sozialisation in ganzheitlicher Sicht zu berücksichtigen.
Daraus folgt die Indikationsstellung mit der bestmöglichen Auswahl therapeutischer
Hilfestellung unter Berücksichtigung der Individualität des Menschen.
Handelt es sich bei den Patienten um Kinder, so ist das Alter ebenso einzukalkulieren
wie deren „werdendes Sein".
Schließlich hat die Medizin auch rehabilitative Aufgaben zu erfüllen und dem
Leidenden bzw. Behinderten durch helfende Maßnahmen ein relatives Optimum
an Befindlichkeit und Lebensqualität zu sichern.
Für das Kind sind neben medizinischen und psychotherapeutischen Belangen auch
zunehmend sonder- und heilpädagogische Methoden im Einsatz.
Musiktherapie, Biofeedback-Methoden oder Kunst- und Maltherapie gelten als
eigenständige Therapien. Immer mehr in den Blickpunkt des Interesses gelangen
tiergestützte pädagogische Ansätze, seien es Hippotherapie, heilpädagogisches
Voltigieren als auch hundegestützte Pädagogik.
Das vorliegende Buch basiert auf der langjährigen Erfahrung der Autorin als
Volks- und Sonderschullehrerin, ihrem Studium der Pädagogik, der Sonder- und
Heilpädagogik sowie in ihrer praktischen Lehr- und Lernerfahrung mit Hunden.
Einleitend beschreibt die Autorin die Vorteile des Hundes in der schulischen
Gruppenarbeit, danach Wege zu Projekten mit Hunden – und dies in sehr
verständlicher Form.

Wie notwendig die Zusammenarbeit mit Schuladministration und den LehrerInnen ist, wird in praktikablen Schritten verdeutlicht. Ein umfangreiches Kapitel wird der Ausbildung des Hundes bzw. des Lehrers gewidmet, anschließend wird der praktischen Arbeit mit dem Hund nachvollziehbar Raum gegeben.

Die leicht lesbare Beschreibung und Anleitung der hundegestützten Pädagogik ist lebensnahe verfasst und weckt die Neugier der Eltern, LehrerInnen und Kinder.

VORWORT von Richard Felsleitner

Als ich im Herbst des Schuljahres 2000/2001 von Andrea Vanek-Gullner in meiner neuen Eigenschaft als verantwortlicher Schulinspektor für die „Wiener Sehbehindertenschule" zur „Inspektion" ihres Projektes zur „Tiergestützten Pädagogik" eingeladen wurde, beschränkten sich meine Kenntnisse und Informationen bezüglich des Einsatzes von so genannten „Therapiehunden" lediglich auf das Hörensagen von mehr oder weniger gelungenen Projekten an diversen Wiener Schulen.

Bei dieser „Inspektion" und in den Jahren danach in zahlreichen Arbeits- und Informationsgesprächen und Unterrichtsbeobachtungen mit und bei Andrea Vanek-Gullner wurde mir vor Augen geführt, dass gezielte pädagogische Arbeit mit Tieren, im speziellen Fall mit dem Labrador Luki, eine ungeheure Bereicherung im erziehlichen Tun und Handeln für Kinder ist.

Besonders hervorzuheben sind die Professionalität und der wissenschaftlich seriöse praxisbezogene Zugang zu dieser innovativen Pädagogik.

Andrea Vanek-Gullners Verdienste in der Entwicklung der „Tiergestützten Pädagogik" können nicht hoch genug gewertet werden.

Das vorliegende Buch ist eine wertvolle Begleitung für Pädagoginnen und Pädagogen, die einen etwas anderen Weg in ihrer Arbeit mit Kindern und Jugendlichen gewählt haben!

ERGEBNISSE DER WISSENSCHAFT

Empirische Studien bestätigen: Hunde lehren soziales Verhalten – und eröffnen
Kindern neue Wege zur Gemeinschaft. Auf welche Weise können wir LehrerInnen
die Ergebnisse der Wissenschaft für die Lebensqualität bedürftiger Schülerinnen und
Schüler nutzen?

Hunde fördern unsere Sensibilität

Kindliche Heimtierhalter erzielen bessere Leistungen in der nonverbalen
Kommunikation als Gleichaltrige, die kein Haustier besitzen.[1] Insbesondere die
Partnerschaft mit einem Hund sensibilisiert für den Nächsten. Da der Vierbeiner
lediglich nonverbale Sprachanteile versteht, sind wir bemüht, uns auf das *tierische
Gegenüber* einzustellen.
Der Karlsruher Pädagoge und Theologe Gotthard M. Teutsch sieht das Mitgefühl des
Kindes dem Vierbeiner gegenüber als Wurzel mitmenschlichen Verhaltens. Die Liebe
zum Tier führe zur Liebe zum Mitmenschen.[2] Voraussetzung dazu ist die *Du-Evidenz:*
Zwischen Menschen und höheren Tieren (...) sind Beziehungen möglich, die denen
entsprechen, die Menschen unter sich bzw. Tiere unter sich kennen.[3]

Was bedeutet dies für die hundegestützte Pädagogik?

„Verhaltensauffällige" SchülerInnen treten oft rücksichtslos und unbeherrscht
auf. Dadurch erleben sie zu selten, dass liebevolles Verhalten positive Reaktionen
hervorruft. Genau dies aber würde sie zu neuen „sozialen Versuchen" ermutigen.
In der Interaktion mit dem Tier werden die eigenen Möglichkeiten zu Empathie
lebendig: Selbst *dissoziale* Schülerinnen und Schüler berühren liebevoll; sie sprechen
leiser, langsamer und in höherer Stimmlage als in anderen Situationen.[4]

---

1   Vgl. z. B. GUTTMANN, G. et. al.: Einfluss der Heimtierhaltung auf die nonverbale Kommunikation und die soziale Kompetenz bei Kindern.- 1983.
    S. 63.
2   TEUTSCH, G.: Kinder und Tiere. Von der Erziehung zum mitgeschöpflichen Verhalten.- 1980. 435ff, Zitat 437f. Zit. nach GREIFFENHAGEN,
    S.: Tiere als Therapie.- 1991. S. 67f.
3   GREIFFENHAGEN, S.: Tiere als Therapie.- 1991. S. 26.
4   Vgl. KATCHER, A.; BECK, A.: Dialogue with animals.- 1991.

Schenken Sie dem Kind die Chance,
seine Sensibilität auszuleben!
Machen Sie den „weichen Kern" sowohl
dem „Verhaltensauffälligen" selbst als auch
den MitschülerInnen erlebbar!

Beispiel:

Die Kinder meiner Klasse bildeten einen Kreis – Luki, mein Labrador, legte sich in die Kreismitte. Nacheinander nahmen die SchülerInnen mit dem Hund Körperkontakt auf. Als E., ein „schwieriges" Kind unserer Klasse, das Tier einfühlsam ansprach und berührte, beobachtete die gesamte Gruppe E. mit großem Staunen und kam zur Ruhe.

Streicheln tut gut

Körperkontakt mit einem Hund beruhigt. Da der Vierbeiner seine Bedürfnisse auslebt, fühlen auch wir uns frei, unsere Sehnsucht nach Geborgenheit und Stille auszudrücken. Die Aufzeichnung der physiologischen Reaktionen des Menschen belegt: Beim Streicheln des Vierbeiners sinkt der Blutdruck, die Herzschlagfrequenz wird erhöht[5], sogar Menschen mit spastischen Lähmungen entspannen.
Stille Atmosphäre macht den Wert von Ruhe und Berührung erlebbar, wir sind in unserer Mitte.

Was bedeutet dies für die hundegestützte Pädagogik?

Im hektischen Schulalltag bleibt wenig Raum für Stille und Berührung. Schülerinnen und Schüler erleben zu selten: *Es tut mir gut, schwach zu sein, Berührung anzunehmen,*

---

5 Vgl. u. a. GREIFFENHAGEN, S.: Tiere als Therapie.- 1991. S. 48.

zur Ruhe zu kommen. Insbesondere „schwierige" Kinder haben dadurch zu wenig Zugang zu ihren Bedürfnissen. Gerade dann, wenn sie Zuneigung am meisten bräuchten, ziehen sie sich zurück.

Führen Sie das Kind über den Körperkontakt mit dem Hund zur Ruhe! Machen Sie den Wert von Stille und Berührung erlebbar!

Beispiel:

> *Der „aggressive" X. tat sich im Klassenverband schwer damit, Zuneigung*
> *anzunehmen. In der tiergestützten Arbeit wurde dem Knaben behutsam*
> *seine eigene Bedürftigkeit erlebbar gemacht. X. bekam die Aufgabe, meine*
> *Berührungen auf den Hund zu übertragen. Allmählich öffnete sich der Schüler für*
> *ruhige Momente. Nachdem der Bub einmal erfahren hatte, wie gut „Loslassen"*
> *tun kann, forderte er bei freier Aktivitätswahl immer wieder die Durchführung*
> *stiller Übungen.*

Ein Schulhund für besseres Schulklima

Ein Hund bringt zum Lachen und verbessert die Stimmung. Studien bestätigen, dass bei gedrückter Atmosphäre ein Tier die Spirale negativer Gedanken durchbrechen kann, indem es die Aufmerksamkeit auf sich zieht.[6] Insbesondere das gemeinsame Spiel beschert Glücksgefühle.

---

6   Vgl. KATCHER, A.; FRIEDMANN, E.: Potential health value of pet ownership.- 1980. pp. 117-122. Zit. nach CLAUS, A.: Tierbesuch und Tierhaltung
    im Krankenhaus. München: 2000. S. 15.

Was bedeutet dies für die hundegestützte Pädagogik?

Die wachsende Zahl der so genannten „Schwierigen" führt zu Mutlosigkeit und
Resignation unter uns LehrerInnen. Nutzen Sie die Chance, über Ihren Hund Humor,
Freude und – nicht zuletzt – Optimismus zu schenken!

Beispiel:

*Die positiven Auswirkungen der Integration meines Therapiehundes Luki auf das Klassen-
und Schulklima waren in dreifacher Hinsicht zu bemerken:*

- *Unter den KollegInnen: Die Stimmung war an den Hundebesuchstagen besser
  als an anderen Schultagen.*
  Bereits am Morgen brachte Luki die LehrerInnen zum Lachen.
- *Unter den Eltern: Die Eltern der SchülerInnen meiner Klasse zeigten große Freude,
  wenn sie an den Hundebesuchstagen ihr Kind zur Schule brachten.*
  Gerne spielten sie für einige Minuten mit dem Tier.
- *Im Klassenverband: Während des Unterrichts lockerte Luki die Stimmung auf,
  indem er beispielsweise im anstrengenden Mathematikunterricht versuchte,
  einen Ball aus dem Bankfach eines Kindes zu klauen. Insbesondere an Tagen,
  an welchen die SchülerInnen traurig und in sich gekehrt wirkten, verbesserte
  die Anwesenheit des Hundes die Atmosphäre. Als ein Schüler unserer Klasse vom
  Unterricht suspendiert wurde, durchbrach der Vierbeiner die Traurigkeit der Kinder.*

Hunde lehren neue Wege des Umgangs mit Aggressionen

Auf rücksichtsloses Verhalten reagieren Hunde mit vorsichtigem Rückzug – und zeigen damit auf neutrale, nicht vorwurfsvolle oder wertende Weise, dass uns unkontrollierte Aggression selbst schadet. Dennoch sind wir nicht verletzt: Die grundsätzlich bedingungslose Akzeptanz des Tieres macht die sanfte Kritik annehmbar.

Was bedeutet dies für die hundegestützte Pädagogik?

Der Hund ordnet sich nicht ohne weiteres dem Willen des Kindes unter; die funktionierende Zusammenarbeit verlangt Geduld. Schenken Sie SchülerInnen, denen es an liebevollem Umgang mit dem Nächsten mangelt, Gelegenheit zu Rücksichtnahme auf das Tier!

Beispiel:

> *Der „aggressive" S. tat sich schwer mit Selbstzurücknahme; vor allem im Pausenspiel zwang er den MitschülerInnen seinen Willen auf.*
> *In der tiergestützten Arbeit bekam S. die Aufgabe, Luki an der Leine zu führen.*
> *Als der Hund die „falsche" Richtung einschlug, bewahrte der Bub Ruhe und unterstützte das Tier auf liebevolle, sichere Weise.*

Ein Klassenhund für mehr Frustrationstoleranz und Kritikfähigkeit

Ein Hund macht spürbar: *Ich nehme dich an.* Unabhängig davon, wer und was wir sind, vermittelt das Tier emotionale Wärme und bedingungslose Akzeptanz.

Was bedeutet dies für die hundegestützte Pädagogik?

„Behinderte" und „verhaltensauffällige" Kinder leiden häufig an geringem Selbstbewusstsein.

Im Schulalltag stoßen wir dadurch immer wieder auf zwei Hauptprobleme:
- Konstruktive Kritik wird als Angriff gegen die eigene Person empfunden: Das Kind ist verletzt und zieht sich zurück. Nutzen Sie die emotionale Bergung der Schülerin oder des Schülers durch den Hund zur kritischen Auseinandersetzung über das Verhalten! Vor dem Hintergrund bedingungsloser, persönlicher Annahme ist sachliche Kritik aushaltbar!

Beispiel:

> *Durch das Bürsten des Tieres kommt das Kind zur Ruhe; der Hund macht ganzheitlich spürbar: Du tust mir gut. Setzen Sie sich neben die Schülerin oder den Schüler auf den Boden; berühren Sie das Kind! Sprechen Sie nun über seine Schwierigkeiten in der Gemeinschaft!*

- Viele SchülerInnen tun sich schwer damit, im Spiel zu verlieren. Das Ausgeschiedensein verletzt, weil es als persönlicher Angriff empfunden wird. Lassen Sie die Kinder im spielerischen Tun mit dem Hund den Umgang mit Rückschlägen üben! Die bedingungslose Annahme des Tieres macht auch das „Versagen" aushaltbar.

Beispiel:

> *M. rastete aus, wenn er im Spiel verlor. In der tiergestützten Arbeit durften Kind*
> *und Hund Kräfte messen, indem sie zugleich an einem Seil zerrten. Als das Tier*
> *das Spiel gewann, kämpfte der Bub für einen kurzen Moment mit sich, um sich*
> *schließlich selbst zu beruhigen.*

Hunde ermutigen

Die bedingungslose Annahme des Hundes macht stark. Dieser „Ermutigungs-Effekt"
wird dadurch verstärkt, dass die funktionierende Kommunikation mit dem Vierbeiner
überzeugendes Auftreten voraussetzt: Jedes *Sitz!* führt nur dann zum gewünschten
Erfolg, wenn es mit innerer Entschlossenheit gesprochen wird.
Empirische Studien bestätigen: Hundebesitzende Kinder sind selbstbewusster als
gleichaltrige Nichttierbesitzer. Selbst SchülerInnen, die lediglich in einer Schulklasse
für ein Tier Sorge tragen, zeigen signifikant mehr Selbstachtung als Kinder ohne
Klassenhund.[7]

**Was bedeutet dies für die hundegestützte
Pädagogik?**
Setzen Sie den Hund gezielt zur
Ermutigung ängstlicher, „behinderter" und
leistungsschwacher SchülerInnen ein!
Übertragen Sie dem Kind die Verantwortung
für das Tier und schenken Sie die Möglichkeit,
Befehle mit dem Hund einzuüben!

---

7 Vgl. BERGESEN, F.J.: The effects of the pet facilitated therapy on the self-esteem and sozialization of primary school children.- 1989.
   Zit. nach ENDENBURG, N.; BAARDA, B.: The Role of Pets in Enhancing Human Well-being: Effects on Child Development.- 1995.

Beispiel:

> *Die SchülerInnen meiner Klasse erfüllte es stets mit besonderem Stolz, wenn*
> *sie auf Luki aufpassen durften. Selbst ängstliche Mädchen, die sich häufig im*
> *Hintergrund hielten, bewegten sich in Begleitung des Tieres selbstbewusst durch*
> *die Kinderschar. Unterstützt durch den Hund präsentierten sich die SchülerInnen*
> *nicht nur vor sich selbst, sondern auch vor den MitschülerInnen mutig und stark.*

Ein Schulhund für die Gemeinschaft

Bereits Sigmund Freud und C.G. Jung hielten in Gegenwart ihrer Hunde
Therapiesitzungen ab. Jedoch setzte erst der Kinderpsychotherapeut Boris Levinson
(er gilt als Vater der tiergestützten Therapie) seinen Hund gezielt ein, um mit Kindern
ins Gespräch und zu einer exakten Diagnose zu kommen.

Die Wissenschaft bestätigt: Die besten Freunde
des Menschen sind „soziale Katalysatoren"
und schaffen Beziehungen. Selbst innerhalb
einer Schulklasse knüpfen SchülerInnen mit
einem Heimtier leichter mit anderen Kindern
Kontakte.[8]
2001 beobachtete B. Ortbauer das
Sozialverhalten sechsjähriger Kinder ohne
Haustier, die in ihrer Klasse regelmäßig Kontakt
zu Hunden hatten. Soziale Beziehungen und
gemeinsame Aktivitäten der SchülerInnen
nahmen in ihrer Häufigkeit zu; vor allem in sich
gekehrte Kinder brachten sich aktiver in das
soziale Geschehen ein.[9]

---

8   Vgl. z. B. GUTTMANN, G. et. al.: Einfluss der Heimtierhaltung auf die nonverbale Kommunikation und die soziale Kompetenz bei Kindern.- 1983.
9   Die genannten Effekte waren bei Knaben stärker feststellbar als bei Mädchen. Vgl. ORTBAUER, B.: Auswirkungen von Hunden auf die soziale
    Integration von Kindern in Schulklassen.- 2001. S. 64ff.

Die „katalysatorische" Wirkung des Hundes hat gute Gründe: Zum einen liefert der Vierbeiner zwanglos Gesprächsstoff; zum zweiten wirkt eine Person in Hundebegleitung sympathisch und sozial attraktiv: Menschen auf einer Fotografie werden von anderen positiver beurteilt, wenn sie in Gesellschaft eines Tieres abgelichtet sind. Die Gegenwart des Vierbeiners schenkt einen *Sympathiebonus.*[10]

Was bedeutet dies für die hundegestützte Pädagogik?
Lassen Sie Ihren SchülerInnen ausreichend Gelegenheit, sich im ungelenkten Beisammensein mit dem Hund einander anzunähern! Freie Zeit mit dem Tier – zum Beispiel während der Pause – schafft Raum für die gemeinschaftsbildende Kraft des Vierbeiners!

Beispiel:

> *Während der Pause bildeten sich in meiner Schulklasse immer wieder SchülerInnengruppen um den Hund. Dabei handelte es sich meist um Kinder, die an anderen Schultagen kaum Kontakt miteinander hatten. Die SchülerInnen hatten Spaß daran, gemeinsam das Tier mit Leckerli zu füttern oder mit ihm zu spielen.*

Die Tatsache, dass Kinder bei der Suche nach einer Vertrauensperson MitschülerInnen mit einem Heimtier bevorzugen[11], setzt für die Integration „behinderter" und „verhaltensauffälliger" Kinder einen klaren Appell: Schenken Sie diesen SchülerInnen die Chance, den MitschülerInnen als Partner des Hundes zu begegnen!

---

10 Vgl. LOCKWOOD, R.: The influence of animals on social perception. In: KATCHER, A.; BECK, A.(Hrsg.): New perspectives on our lives with companion animals.- 1983. pp. 64-71. Zit. nach CLAUS, A.: Tierbesuch und Tierhaltung im Krankenhaus.- 2000. S. 16.
   Vgl.: OLBRICH, E.: Tiere in der Therapie. Zur Basis einer Beziehung und ihrer Erklärung.- O.A. S. 24.
11 Vgl. z. B. GUTTMANN, G. et. al.: Einfluss der Heimtierhaltung auf die nonverbale Kommunikation und die soziale Kompetenz bei Kindern.- 1983.

Beispiel:

> Meine Kollegin und ich bestimmten R., einen sehbehinderten Außenseiter der
> Gruppe, zum „Hunde-Aufpasser": Der Bub sollte auf Lukis Zeichen achten und
> mich bei den Gassi-Gängen begleiten. Die MitschülerInnen erlebten R. als
> verlässlichen Partner des Hundes.

DER WEG ZU IHREM PROJEKT

• Konkretisieren Sie Ihre Idee!
• Suchen Sie das Gespräch mit der Kollegin oder dem Kollegen!
• Sprechen Sie mit der Direktorin oder dem Direktor!
• Reichen Sie Ihre Projektplanung bei der Schulbehörde ein!
• Suchen Sie die Zusammenarbeit mit den Eltern!
• Planen Sie, legen Sie los, dokumentieren Sie!

Konkretisieren Sie Ihre Idee!

Beantworten Sie für sich selbst folgende Fragen:

• Aus welchen Gründen möchte ich meinen Hund in die Schule mitnehmen?
  Was sind meine ganz persönlichen Motive?
  Welche Werte der Mensch-Tier-Beziehung habe ich selbst erlebt?
  Setzen Sie genau hier an. Engagement braucht persönliche Betroffenheit!

Beispiel:

Nach einiger Zeit des Zusammenlebens mit meinem Hund ging es mir so richtig gut: Zum einen hatte sich mein Bekanntenkreis erheblich erweitert, zum zweiten durfte ich – vor allem im gemeinsamen Spiel – mehr lachen; darüber hinaus brachte mich das Bürsten und Streicheln des Hundes zur Ruhe. Und schließlich stellte ich fest, dass ich mich in Gegenwart meines Vierbeiners sicherer und selbstbewusster unter Menschenmengen mischte.
Die Reflexion über meine persönlichen Erlebnisse löste in mir den Wunsch aus, genau diese Werte für die Integration „schwieriger" Kinder zu nutzen.
Eigene positive Erfahrungen waren der beste Nährboden für die Entwicklung eines Projekts.

- Wie bzw. wie oft möchte ich meinen Hund einsetzen? Soll mich der Vierbeiner in den Unterricht begleiten oder gezielt – beispielsweise in der Arbeit mit einzelnen SchülerInnen – zum Einsatz kommen?

Beispiel:

Einige Schulklassen integrieren den Hund täglich in den Unterricht, andere nur an einem Tag in der Woche. Während manche LehrerInnen das Tier lediglich zu Wandertagen und Exkursionen mitnehmen, setzen andere den Vierbeiner zur gelenkten Einzelarbeit ein.

***Jeder Ansatz hat seinen Wert**: Die tägliche Integration in den Klassenunterricht und die Begleitung zu Wandertagen stellen die positiven Auswirkungen der natürlichen, ungelenkten Kind-Hund-Beziehung in den Vordergrund; je seltener Hundebesuche stattfinden, desto eher kommt der „Wert des Besonderen" dem Erfolg des Projekts zugute. Die gelenkte Einzel-oder Gruppenarbeit ermöglicht die punktgenaue Nutzung der positiven Effekte der Mensch-Tier-Beziehung und die Bearbeitung der Schwierigkeiten des Kindes. Jedoch erfordert der gezielte Einsatz des Tieres eine genaue Konzeptausarbeitung, Übungsentwicklung und Evaluierung.*

*Setzen Sie sich mit den unterschiedlichen Möglichkeiten auseinander, treffen Sie **Ihre** begründete Entscheidung!*

- Falls Sie Ihren Vierbeiner gezielt einsetzen möchten: Möchte ich mit einzelnen SchülerInnen, mit einer Kindergruppe oder mit der gesamten Klasse arbeiten? Wiederum gilt: Jeder Ansatz hat seinen Wert. In der Arbeit mit einzelnen Kindern steht die Bearbeitung der individuellen Probleme im Vordergrund; der Einsatz des Hundes in SchülerInnengruppen ist vor allem dann zu empfehlen, wenn Sie
  - *ewigen Streithanseln* die Chance geben möchten, einander in ungewohntem Terrain zu begegnen;
  - ängstlichen Kindern, die sich nicht trauen, allein mit dem Hund zu arbeiten, die Chance auf das Beisammensein mit dem Vierbeiner schenken möchten;
  - Kindern, die sich kaum kennen, ein gegenseitiges „Beschnuppern" ermöglichen wollen;

- *neuen* SchülerInnen die Chance auf Annäherung an ein anderes Kind schenken
möchten.
Die gezielte Arbeit mit der gesamten Klasse soll in der Regel die Bildung der
Klassengemeinschaft unterstützen.

• Was ist mir wesentlich im Umgang Kind – Hund? (z. B. Vermeidung von
Überforderung des Vierbeiners; liebevoller Umgang mit dem Tier; Respekt vor
dem Ruheplatz des Hundes …) Wie könnte ich die Kinder darauf vorbereiten?
(Vgl. Kapitel „Praktische Arbeit mit dem Hund")

• Welche Ausbildungen gibt es auf dem Gebiet der tiergestützten
Pädagogik/Therapie? Welche dieser Ausbildungen soll mir oder meinem Hund
zuteil werden? (Vgl. Kapitel „Ausbildungen")

• Gibt es Projekte, die mir Orientierung liefern können?

Beispiele:

*In einer Förderklasse des Sonderpädagogischen Zentrums Brioschiweg 1, 1220
Wien, leistet ein Golden Retriever mit fundierter Therapiehund-Ausbildung gute
Dienste. Der Vierbeiner wird täglich in den Klassenverband integriert.*

*In dem Sonderpädagogischen Zentrum Galileigasse 3, 1090 Wien, findet ein
ausgebildeter Therapiehund vielseitigen Einsatz: Die Beratungslehrerin der Schule
führt Hundebesuche in Schulklassen, Hundespaziergänge sowie wöchentliche
Unterrichtseinheiten in der Kleingruppe durch.*

*Die Europaschule, Vorgartenstraße 95-97, 1200 Wien, leistete Pionierarbeit auf
dem Gebiet der tiergestützten Pädagogik. Seit Jahren werden Hunde in den
Unterricht integriert.*

• Bin ich mir der Schwierigkeiten bewusst, die die tiergestützte Arbeit in der Schule
mit sich bringen kann (z. B. allergische Reaktionen eines Kindes; Probleme mit der
Teamkollegin, weil Sie während der Stunde mit dem Hund Gassi gehen müssen;
Probleme mit anderen KlassenlehrerInnen, weil die *Hundeklasse* die begehrteste
der Schule ist; Reibereien mit LehrerkollegInnen, die keine Hunde mögen;
Gerüchte, die Ihnen unterstellen, Sie hätten keine Beaufsichtigung für den Hund
und würden deshalb das Projekt durchführen …)?

Suchen Sie das Gespräch mit der Kollegin oder dem Kollegen!

Sie unterrichten nicht alleine? Jene KollegInnen, die mit Ihnen und Ihrem Vierbeiner
in der Klasse stehen, müssen das Projekt *mittragen*. Die besondere Sensibilität, die hier
angezeigt ist, ergibt sich aus folgenden *Krisenherden*:

• Ihr Hund muss Gassi. Kann es der Kollegin oder dem Kollegen zugemutet
werden, für diese Zeit allein zu unterrichten?
• Die Kinder suchen die Nähe des Hundes und der Hundeführerin oder des
Hundeführers. Es besteht die Gefahr, dass sich die Kollegin/der Kollege
ins Abseits gedrängt fühlt.

Suchen Sie in jedem Fall das Gespräch, ehe Sie mit der Direktion oder der
Schulbehörde sprechen! Vermitteln Sie der Kollegin oder dem Kollegen, dass ihr/sein
Einverständnis wesentliche Voraussetzung zur Projektdurchführung ist!
Für den Fall, dass Ihre Teamkollegin oder Ihr Kollege mit der Projektdurchführung
nicht einverstanden ist, gilt es, nach einer alternativen Lösung zu suchen:

• Sie bieten am Nachmittag eine *Unverbindliche Übung* an, in die Sie Ihren
Vierbeiner integrieren können.
• Sie teilen an einem kurzen Schultag die Klasse für eine Unterrichtsstunde auf.
Während die Kollegin oder der Kollege mit einer Gruppe arbeitet,
gestalten Sie mit der anderen Gruppe eine „Hundestunde".
In der darauffolgenden Woche wird getauscht.

Sprechen Sie mit der Direktorin oder dem Direktor!

Tragen Sie die Projektidee an die Direktion heran. Überzeugen Sie durch Beispiele. Betonen Sie, dass ein ängstliches Kind über die Kommandoarbeit mit dem Hund die eigenen Möglichkeiten zu selbstbewusstem Auftreten kennen lernt!

Berücksichtigen Sie darüber hinaus folgende Punkte:

- Ausbildung des Hundes: Wahrscheinlich ist Ihr Vierbeiner noch nicht ausgebildet. Überlegen Sie dennoch vor dem Erstgespräch mit der Direktion, welche Ausbildungen Sie dem Tier zukommen lassen möchten. Wenngleich es bislang im deutschsprachigen Raum keine staatliche Anerkennung auf dem Gebiet der Therapiehundeausbildung gibt, wird von der Schulbehörde ein entsprechendes Zeugnis als wesentliche Voraussetzung zur Bewilligung eines Hundeprojekts erachtet (vgl. dazu Kapitel „Ausbildungen").

- Zusammenarbeit mit den Eltern: Zeigen Sie der Direktion gegenüber auf, in welcher Weise Sie die Eltern in das Projekt einbinden möchten. Machen Sie spürbar, dass Sie nicht über den Kopf der Eltern hinweg, sondern mit ihnen arbeiten möchten und dass Sie etwaige Ängste und Vorbehalte respektieren.

- Beaufsichtigung des Hundes: Stellen Sie klar, dass Sie Ihren Hund nicht aus Gründen der Beaufsichtigung in die Schule mitnehmen möchten. (Leider kam wiederholt vor, dass LehrerInnen ihre Vierbeiner bloß nicht alleine zuhause lassen wollten. Aus diesem Grund zeigt sich die Schulbehörde gerade dann, wenn das Tier jeden Tag in den Unterricht mitgenommen werden soll, skeptisch. Machen Sie spürbar, dass Sie bereit sind, Arbeit in Ihr Projekt zu investieren. Schlagen Sie beispielsweise die Durchführung eines außerordentlichen Elternabends vor!)

Reichen Sie Ihre Projektplanung bei der Schulbehörde ein!

Tragen Sie Ihre Idee an die Bezirksschulinspektion heran. Arbeiten Sie vor der ersten Kontaktaufnahme ein schriftliches Konzept aus, das die gedankliche Auseinandersetzung mit dem zielgerichteten Einsatz des Hundes bezeugt. Suchen Sie danach den persönlichen Kontakt!

Beispiel für ein schriftliches Konzept

„Tiergestützte Heilpädagogik"[12]

GRUNDINTENTIONEN

Mein Konzept basiert auf folgenden Grundgedanken:

1. Kindern mit Verhaltensschwierigkeiten kann durch die zielgerichtete Begegnung mit dem Tier geholfen werden.

Sehr ruhigen, schüchternen Kindern könnte das Tier beispielsweise zu mehr Sicherheit verhelfen, da es Kommandos nur dann befolgt, wenn diese mit Bestimmtheit ausgesprochen werden.

2. Schwierigkeiten innerhalb der Klassengemeinschaft können durch „Tiergestützte Heilpädagogik" gelöst werden.

Das von mir entwickelte Konzept „Tiergestützte Heilpädagogik" besteht aus unterschiedlichen Übungen und wird laufend durch neue Ideen ergänzt.

Die konkrete Umsetzung der Arbeit kann jedoch nicht formuliert werden, solange ich die Kinder meiner künftigen ersten Klasse nicht kenne.

Grundsätzlich geht es mir bei meinem Projekt keinesfalls um zeitliche Quantität, sondern um den gut durchdachten Einsatz des Therapiehundes.

---

12 Vgl. VANEK-GULLNER, A.: Das Konzept Tiergestützte Heilpädagogik – TGHP.- Wien: WUV, 2003.

ORGANISATION

„Tiergestützte Heilpädagogik" soll für die Kinder meiner Klasse des Sonderpädagogischen Zentrums stattfinden, wobei mir eine gewisse zeitliche Flexibilität wichtig erscheint.

So wäre denkbar, das Tier an einem Tag der Woche in die Klasse mitzunehmen, wobei der Wochentag nach den aktuellen Gegebenheiten ausgewählt wird. Wie viel Zeit dieses Schultages der Arbeit mit dem Hund gewidmet wird, kann erst nach einem angemessenen Zeitraum des Kennenlernens beantwortet werden. (Möglicherweise komme ich zu der Entscheidung, dass keines der Kinder meiner Klasse „Tiergestützte Heilpädagogik" braucht!)

Die hilfsbedürftigen Kinder werden allein oder in Kleingruppen (auch diese Entscheidung kann erst getroffen werden, wenn ich die Kinder kenne) in Absprache mit meiner Teamkollegin für 15 bis 20 Minuten aus dem Unterricht genommen. Ich würde Wert darauf legen, im Laufe des Schuljahres jedes Kind der Klasse einzubeziehen.

WISSENSCHAFTLICHKEIT

Das Konzept und die Erfolge der „Tiergestützten Heilpädagogik" werden in meiner Dissertation schriftlich festgehalten.

Ich bitte um Erlaubnis, mit meinem Projekt an der Volksschule (...) im Schuljahr (...) beginnen zu dürfen.

Nachdem ich die Projektbeschreibung an die Inspektionskanzlei gesandt hatte, suchte ich die persönliche Kontaktaufnahme mit dem Inspektor.

Er nahm vor allem mein Bestreben, mit dem Hund *sehr gezielt* zu arbeiten, positiv auf und genehmigte die Durchführung in meiner ersten Klasse.

Nach einer Anlaufzeit des Projekts sandten meine Kollegin und ich einen Projektbericht an die Inspektionskanzlei; ein halbes Jahr später übermittelte ich der Schulbehörde eine Videoaufzeichnung meiner Arbeit.

Suchen Sie die Zusammenarbeit mit den Eltern!

Das Gelingen *jedes* Schulprojektes steht und fällt mit der Bereitschaft zur Zusammenarbeit zwischen LehrerInnen und Eltern. Häufig auftretende Ängste erfordern insbesondere für den Bereich der tiergestützten Pädagogik eine sensible Vorgehensweise der Lehrerin oder des Lehrers:

- Präsentieren Sie in einem ersten Schritt den Eltern Ihre Idee; betonen Sie die *Freiwilligkeit* der tiergestützten Arbeit! Was auch immer Sie planen: Stellen Sie klar, dass kein Kind mit dem Hund Kontakt haben *muss*, wenn es nicht möchte. Machen Sie spürbar, dass ein *Nein* selbstverständlich akzeptiert wird und Sie sich gegebenenfalls alternative Wege zur Umsetzung Ihrer Ideen überlegen werden.
- Bitten Sie die Eltern, am Gelingen des Projekts mitzuwirken! Vermitteln Sie, dass Ihnen Rückmeldungen bezüglich der Auswirkung der tiergestützten Aktivitäten willkommen sind und Ihre Arbeit bereichern.
- Sorgen Sie unbedingt für schriftliche Einverständniserklärungen aller Eltern, ehe Sie mit dem Hundeprojekt starten.
- Halten Sie die Eltern auf dem Laufenden. Berichten Sie im Zuge außerordentlicher Elternabende oder an Sprechtagen von den Erfolgen des Projekts und Ihren Beobachtungen. Zeigen Sie Videoausschnitte aus der Arbeit.
- Präsentieren Sie Ihr Projekt, beispielsweise im Zuge eines kleinen Beitrags in einer pädagogischen Zeitschrift oder auf der Homepage Ihrer Schule. Fertigen Sie Folder an, die Sie an Interessenten verteilen.

Beispiel:

Meine Kollegin und ich stellten den Eltern im Rahmen eines Elternabends vor Schulbeginn die Projektidee vor. Ich erklärte, dass Luki ein ausgebildeter Therapiehund ist und manchmal begleitend in die Schule mitkommen soll. Besonders wies ich darauf hin, dass das Projekt Freude bereiten und kein Zwang sein soll.

Zu Schulbeginn klärten wir die Eltern über die organisatorischen
Rahmenbedingungen auf. Ich fragte, ob jemand etwas dagegen habe, wenn
sein Kind regelmäßig Kontakt mit dem Hund hat. Auf diese Frage meldete sich
niemand.

Die Mutter eines Jungen teilte mit, dass ihr Sohn große Angst vor Hunden habe
und sicherlich „laut schreien" werde, wenn er mit Luki in Kontakt kommt. (Nach
sehr intensiver Vorbereitung der SchülerInnen meiner Klasse konnte jedoch dieser
Angst gut entgegengewirkt werden.)

Zum Abschluss informierte ich über mein Vorhaben, meine Beobachtungen in
meiner Dissertation festzuhalten, und betonte, dass ich über Rückmeldungen
dankbar bin. Schließlich bot ich den Eltern eine Fotomappe mit Bildern aus der
tiergestützten Pädagogik zur Ansicht an.

Vor dem ersten Besuch des Hundes in der Schule wurde ein Elternbrief ausgeteilt:

Liebe Eltern!

Wahrscheinlich hat Ihr Kind bereits erzählt, dass uns Luki bald das erste Mal in der Schule
besuchen wird. Die Kinder wurden sehr intensiv auf die Anwesenheit eines Tieres in der
Klasse vorbereitet und wir freuen uns alle schon sehr auf den ersten Besuchstag.

Wir möchten Sie nun bitten, uns durch Ihre Unterschrift schriftlich zu bestätigen,
dass Sie Ihr Einverständnis zu den „Hundebesuchen" geben. Nochmals sei betont,
dass wir mit ängstlichen Kindern sehr vorsichtig umgehen und Luki gelernt hat,
gegebenenfalls Rücksicht zu nehmen.

Wir sind sehr interessiert daran, zu erfahren, was die Kinder über unser Hundeprojekt
zuhause erzählen und würden uns über Rückmeldungen freuen!

Mit freundlichen Grüßen

_____

Ich bin damit einverstanden, dass mein Sohn/meine Tochter _____
regelmäßig in der Klasse von dem Therapiehund Luki besucht wird.
U: _____

Bereits am Tag nach der Ausgabe des Elternbriefes brachten alle Kinder die Unterschrift der Eltern.

Nach einem halben Jahr beriefen meine Kollegin und ich erneut einen Elternabend ein. Wir führten den Eltern Videoszenen aus der tiergestützten Arbeit vor, die zeigten, wie die Kinder trotz der Anwesenheit des Hundes im Unterricht konzentriert arbeiten und während der Pause mit dem Tier spielen und lachen. Der Elternabend wurde sehr positiv aufgenommen.

Zu Schulschluss schenkten meine Kollegin und ich jedem Kind eine Videokassette mit Aufnahmen aus der tiergestützten Arbeit.

Planen Sie – Legen Sie los – Dokumentieren Sie!

Die genaue schriftliche Vorbereitung der hundestützten Aktivitäten ist aus mehreren Gründen unerlässlich:

- Planung gibt Sicherheit! Da Sie sich wahrscheinlich zu Projektbeginn in noch ungewohntem Terrain bewegen, sollten Sie Ihrer Arbeit durch eine möglichst detaillierte Vorbereitung „festen Boden" geben.
- Die tiergestützte Pädagogik muss um ihre öffentliche Anerkennung ringen. Eine genaue Planung macht selbstbewusst gegenüber kritischen Stimmen!
- Und schließlich: Schriftliche Vorbereitung ermöglicht Dokumentation und Nachbereitung Ihrer Arbeit.

Beispiel:

> *Ich bereite meine tiergestützten Einheiten in ähnlicher Weise wie den*
> *Klassenunterricht in Form eines dreispaltigen Formulars vor:*
> *• In der größten mittleren Spalte werden die geplanten Aktivitäten aufgelistet.*
> *• Links davon trage ich ein, weshalb ich diese oder jene Aktivität wähle.*
> *• In der rechten Spalte ist Platz für Beobachtungen und Anmerkungen.*

Ehe Sie den Hund das erste Mal in die Schule mitnehmen, gilt es, die Kinder gut
auf die Anwesenheit des Vierbeiners vorzubereiten! Stellen Sie sicher, dass die
Hundebesuchstage nicht im Chaos enden (eine praktische Anleitung finden Sie im
Kapitel „Praktische Arbeit mit dem Hund").

Neben dem gut vorbereiteten praktischen Tun ist die Evaluierung bedeutend für
die Qualität des Projekts. Investieren Sie in die Dokumentation Ihrer Arbeit!
(Vgl. Kapitel „Evaluierung der tiergestützten Einzelarbeit").

AUSBILDUNGEN IN ÖSTERREICH

Die Ausbildung des Hundes

Braucht mein Hund eine Therapiehundeausbildung?[13]

Ja. Ein in der Schule arbeitender Vierbeiner muss über besondere Qualifikationen verfügen:

- An erster Stelle steht ein sicherer Grundgehorsam.
- Der oft hohe Lärmpegel in der Schule macht eine überdurchschnittliche Belastbarkeit des Tieres erforderlich.
- Darüber hinaus muss sich der Hund – vor allem gegenüber oft wenig zurückhaltenden Kinderhänden und ungewöhnlichem Verhalten – durch eine hohe Toleranzschwelle auszeichnen.
- Die mit dem Vierbeiner arbeitende Lehrperson muss ausreichend auf die Grenzen der Belastbarkeit seines Tieres sensibilisiert sein.

In Österreich gibt es bundesweit noch keine Standards für die Ausbildung zum Therapiehundeteam; dennoch haben sich unterschiedliche Vereine die Vermittlung der aufgezeigten Qualifikationen zum Ziel gemacht. In diesem Sinne wird von der Schulbehörde die Absolvierung einer Therapiehundeausbildung als wesentliches Kriterium zur Projektgenehmigung erachtet.

Die Ausbildung des Vereins Tiere als Therapie
www.tierealstherapie.org

Der Verein *Tiere als Therapie* hat auf dem Gebiet der Therapiehundeausbildung Pionierarbeit geleistet. Ausbildungen der Mensch-Hund-Teams werden wird nicht nur in Wien, sondern auch (in den TAT-Zweigstellen) in den Bundesländern angeboten.

---

13 Vgl. dazu KOTRSCHAL, K.; BROMUNDT, V.; FÖGER, B.: Faktor Hund.- 2004, S. 67.

Aufnahmekriterien

Die Therapiehundeausbildung setzt im Erwachsenenalter des Tieres nach
bestandenem Eignungstest an. Vorbereitende Kurse können bereits mit Welpen und
Junghunden absolviert werden.

Aufbau der Ausbildung

Die Ausbildung erfolgt theoretisch und praktisch, wobei sich die Theorie aus
Vorlesungen in den Bereichen Psychologie, Pädagogik und Medizin zusammensetzt.
Praktisch wird das Therapiehunde-Team in 3 Modulen ausgebildet.
Während in Modul 1 Grundinformationen zum Thema Hund und erste Anleitungen
für die Arbeit vermittelt werden, haben Modul 2 und 3 aufbauende Praxisübungen
und weiterführende Ausbildungen zum Therapiehund zum Schwerpunkt. Zur
Festigung können die Kursteilnehmer Übungsstunden absolvieren.

Prüfung

Die Ausbildung schließt mit der Therapiehundeprüfung ab. Der Verein legt
besonderen Wert auf regelmäßig stattfindende Nachkontrollen zur Feststellung
etwaiger Wesensveränderungen der Hunde.

Die Ausbildung zum SVÖ Therapiehunde-Team:
Verband der deutschen Schäferhunde
www.schaeferhund.at

Aufnahmekriterien

Der Hund muss mindestens ein Jahr alt sein und über eine gute Grundausbildung
verfügen.
Vor Ausbildungsbeginn werden in einem Einstiegstest nicht nur das Wesen des
Vierbeiners, sondern auch die Beziehung zwischen Hund und BesitzerIn,
die Möglichkeit der Führung durch Fremdpersonen sowie der Gesundheitszustand
des Hundes überprüft.

Aufbau der Ausbildung
Nach Absolvierung eines Grundseminars (ein Wochenende) werden die Hunde-
führerInnen für 50 Stunden einem Trainer zur Spezialausbildung in verschiedenen
Institutionen ihrer Umgebung „zugewiesen".

Prüfung
Die zweitägige Abschlussprüfung setzt sich aus einer schriftlichen, einer mündlichen
und einer praktischen Prüfung inklusive Gehorsamsüberprüfung zusammen.

Die Ausbildung des Vereins Tiere Helfen Leben
www.tiere-helfen-leben.at

Aufnahmekriterien
Aufnahmekriterium ist – neben zweimaliger Begleitung eines bereits ausgebildeten
Therapieteams – eine Verhaltensüberprüfung des Hundes durch eine Trainerin in
Anwesenheit eines Tierarztes.

Aufbau der Ausbildung
Der tatsächliche Trainingsbeginn richtet sich nach dem Reifegrad des Hundes. Die
Ausbildung setzt sich aus 6 individuell gestalteten Trainingseinheiten,
4 Einschulungsstunden in der Praxis und Tagesseminaren (Pädagogik, Hygiene,
Geriatrie, Ergotherapie …) zusammen.

Prüfung
Nach der Lektüre einschlägiger Fachliteratur erfolgt ein praktischer und ein
theoretischer Schlusstest; die HundebesitzerInnen verpflichten sich zur Nachkontrolle
ihrer Vierbeiner.

Die Ausbildung zum Therapiehund der Rettungshunde Niederösterreich
www.therapiehunde.at

Aufnahmekriterien
Die Aufnahme zur Ausbildung erfolgt aufgrund eines Eignungstests; der
auszubildende Hund muss mindestens ein Jahr alt sein.

Aufbau der Ausbildung
Die Ausbildung setzt sich aus Wochend-Seminaren (mit vorwiegend theoretischen
Inhalten) und wöchentlich stattfindenden praktischen Einheiten zusammen.

Prüfung
Den Abschluss der Ausbildung bilden eine theoretische und eine praktische Prüfung.

Die Ausbildung der Lehrerin und des Lehrers

Brauche ich eine Ausbildung?
Nicht unbedingt. Sofern Sie als KlassenlehrerIn lediglich Ihren Vierbeiner in den
Unterricht mitnehmen möchten, müssen Sie vor allem für eine fundierte Ausbildung
des Hundes sorgen!

Eine weiterführende Ausbildung für Sie macht Sinn, wenn Sie
  • sich nebenberuflich selbstständig machen möchten,
  • in Ihrer Schule mit einzelnen Kindern arbeiten möchten,
  • Freude an Weiterbildung haben
  • oder wissenschaftlich arbeiten möchten.

Der Universitätslehrgang des Vereins Tiere als Therapie[14]
www.tierealstherapie.org

Der Verein *Tiere als Therapie* bildet im Rahmen eines Universitätslehrgangs an der Veterinärmedizinischen Universität zur akademisch geprüften Fachkraft für tiergestützte Therapie und tiergestützte Fördermaßnahmen aus. Die AbsolventInnen sind für ein *eigenverantwortliches tiergestütztes therapeutisches und/oder pädagogisches sowie gesundheitsförderndes Arbeiten im Rahmen von Institutionen oder in der freien Praxis qualifiziert.*[15]

Voraussetzung zur Absolvierung des Lehrgangs ist ein abgeschlossenes Studium in einem pädagogischen, sozialen, medizinischen oder biologischen Bereich, eine abgeschlossene Berufsausbildung in einem entsprechenden Berufsfeld oder große praktische Erfahrung im Bereich tiergestützte Pädagogik oder Therapie; die Zulassung erfolgt aufgrund eines Aufnahmegesprächs.

Die AusbildungsabsolventInnen werden – vorwiegend in den Räumlichkeiten der Veterinärmedizinischen Universität Wien – innerhalb der Fachbereiche Psychologie, Medizin, Veterinärmedizin und Pädagogik ausgebildet. Voraussetzungen für den Abschluss sind – neben der nachweislichen Teilnahme an Seminaren und bestandenen Teilprüfungen – die Absolvierung von Praktika im Ausmaß von 150 Stunden sowie die Erstellung und Präsentation einer schriftlichen Hausarbeit.

Im Rahmen eines Lehrgangs werden höchstens 45 Personen über den Zeitraum von vier Semestern berufsbegleitend an Wochenenden ausgebildet.

Ähnliche Lehrgänge können in der Schweiz (Institut für angewandte Ethologie und Tierpsychologie, I.E.T., Zürich, www.turner-iet.ch) und in Deutschland (Institut für soziales Lernen mit Tieren, Hannover, www.lernen-mit-tieren.de) absolviert werden.

---

14 Nachfolgende Informationen sind der Homepage des Vereins www.tierealstherapie.org entnommen.
15 Zitat www.tierealstherapie.org.

Die Lehre im Institut VANEK-GULLNER –
Zentrum für Tiergestützte Heilpädagogik – TGHP®[16]
www.tghp.at

Die *Tiergestützte Heilpädagogik – TGHP®* ist eine wissenschaftlich evaluierte Methode
der hundegestützten Arbeit mit verhaltensauffälligen Kindern. Im Institut Vanek-
Gullner – Zentrum für Tiergestützte Heilpädagogik – TGHP wird nach dieser Methode
gearbeitet. Heilpädagogische Übungen auf verschiedenen Arbeitsebenen verbessern
die Lebensqualität sozial und emotional benachteiligter Kinder.

Seit März 2005 finden Seminare und berufsbegleitende Ausbildungslehrgänge statt.
Die TeilnehmerInnen werden zur Praktizierung, Weiterentwicklung und Anwendung
der TGHP auf ihren Arbeitsbereich und in freier Praxis befähigt.
Voraussetzung zur Absolvierung des Lehrgangs ist eine abgeschlossene
Berufsausbildung in einem pädagogischen, sozialen oder medizinischen Bereich.
Die Zulassung erfolgt aufgrund eines Aufnahmegesprächs.
Ausgehend von theoretischen Hintergrundinformationen wird über die Lehre der
Methode TGHP Begleitung, Unterstützung und Evaluierung der praktischen Arbeit
geboten.

16 Vgl. VANEK-GULLNER, A.: Das Konzept Tiergestützte Heilpädagogik – TGHP.- Wien: WUV, 2003.

ALLERLEI NÜTZLICHES

Achten Sie auf das Wohlbefinden Ihres Hundes!

Die Integration des Vierbeiners in die Schule birgt die Gefahr der Überforderung des Tieres in sich. Überlegen Sie:

- An welchem Tag möchte ich den Hund mitnehmen? Wählen Sie einen kurzen Schultag!
- Was soll während der Turn-, Werk-, Religionsstunden mit dem Tier geschehen?
- Was kann ich tun, wenn mein Hund Ruhe braucht?

Beispiel:

> *Ich mutete meinem Therapiehund Luki nicht mehr als drei Unterrichtsstunden im Klassenverband zu. An den Tagen, an denen wir zum Turnunterricht gingen, kam mein Vierbeiner nicht in die Schule mit.*
> *Zudem bat ich zu Projektbeginn meine Kollegin um Erlaubnis, mich bei zu großer Belastung des Hundes kurz mit ihm zurückziehen zu dürfen: So suchte ich mitunter unbesetzte Klassenräume auf, um Luki ein paar ruhige Minuten zu ermöglichen.*

Respektieren Sie Ängste und Vorbehalte der KollegInnen!

Für das Schulklima ist die Einstellung der KollegInnenschaft zu Ihrer Arbeit von großer Bedeutung:

- Achten Sie darauf, die KollegInnen nicht *zwangszubeglücken*, indem Sie Ihren Hund selbstverständlich in das Lehrerzimmer mitnehmen. Respektieren Sie, dass nicht jeder Mensch HundeliebhaberIn ist! Setzen Sie die LehrerInnen in Kenntnis darüber, an welchem Wochentag der Hund in Ihrem Klassenraum sein wird. Ein Schild an der Klassentüre ermöglicht ängstlichen KollegInnen, den Kontakt mit dem Vierbeiner zu vermeiden.

- Informieren Sie in einer Konferenz *in aller Kürze* über das geplante Projekt.
  Vermitteln Sie das Gefühl, dass der Weg der tiergestützten Pädagogik zwar *Ihr*
  Weg ist, Sie aber andere Methoden für ebenso wichtig und sinnvoll erachten.
- Bemühen Sie sich um Transparenz! Zeigt eine Kollegin oder ein Kollege Interesse,
  nehmen Sie sich Zeit, klären Sie auf und beantworten Sie etwaige Fragen.
- Entfernen Sie den Hundekot Ihres vierbeinigen Lieblings von den Grünflächen
  der Umgebung! Gerade wir LehrerInnen müssen uns unserer Vorbildwirkung
  bewusst sein – und können für ein verbessertes Ansehen der Hunde in der
  Gesellschaft sorgen!

Beispiel:

> Meine Kollegin und ich stellten unser Projekt in der Konferenz vor. Wir klärten
> auf, dass Luki eine Therapiehundeausbildung absolviert hat, einmal in der
> Woche in die Schule mitkommen und festes Mitglied der Gemeinschaft sein soll.
> Schließlich erzählte ich auch von meiner Absicht, mit den „schwierigen" Kindern
> Einzelsitzungen durchzuführen. Wir schlossen mit den Informationen, dass ich
> das Projekt wissenschaftlich begleite und die Eltern der Kinder meiner Klasse
> bereits ihr Einverständnis gegeben haben.

Die KollegInnen wurden darauf hingewiesen, dass an den Hundebesuchstagen ein
Bild von Luki vor der Klasse hängt. Die LehrerInnen klatschten; nach der Konferenz
baten mich zwei Kolleginnen, mit einem Kind ihrer Klasse zu arbeiten. An den darauf
folgenden Tagen bot mir die Leiterin der Nachmittagsbetreuung Räumlichkeiten
für die Einzelarbeit an. Einige LehrerInnen traten mit der Bitte an mich heran, mit
Luki die Kinder ihrer Klasse zu besuchen; wieder andere schenkten mir Bilder und
Zeitungsausschnitte.

Nach einiger Zeit boten meine Kollegin und ich interessierten KollegInnen eine
kleine „Einführung in unsere Arbeit" an. Die Informationsveranstaltung wurde gut
aufgenommen.

Achten Sie auf allergische Reaktionen!

Hunde gelten als Allergierisiko. Dennoch darf die Gefahr einer allergischen Reaktion eines Kindes nicht überschätzt werden: Lediglich 2% der Gesamtbevölkerung reagieren auf Hunde allergisch.[17]

Grundsätzlich gilt:

- Erkundigen Sie sich ehestmöglich bei den Eltern Ihrer SchülerInnen nach etwaigen Allergien.
- Das Wohl jedes einzelnen Kindes kommt immer vor dem Projekt!
- Bei Auftreten einer allergischen Reaktion ist die tiergestützte Arbeit zu beenden.

Beispiel:

Im Zuge des ersten Elternabends wurden die Eltern der SchülerInnen unserer Klasse gefragt, ob ein Kind an einer Tierhaarallergie leide. Die Mutter eines Mädchens wies darauf hin, dass ihr Kind allergisch auf Katzenhaare, möglicherweise auch auf Hundehaare sei. Wir versprachen, N. genau zu beobachten und bei eventuellen Reaktionen unverzüglich Rücksprache mit der Mutter zu halten.

Als Luki das erste Mal die Kinder besuchte, streichelte N. den Hund. Meine Kollegin und ich konnten keinerlei allergische Reaktion bemerken. Wiederholt fragten wir bei der Mutter nach, ob es die Allergie betreffende Probleme gebe, was sie stets verneinte.
Nachdem Luki bereits einige Male in der Klasse anwesend gewesen war, bemerkten meine Kollegin und ich an einem Besuchstag eine leichte allergische Reaktion eines anderen Mädchens: S. rieb sich die Augen. Ich rief die Mutter des Kindes an, die sehr ruhig reagierte und meinte, wir sollten auf ihre Verantwortung den Hund in der Klasse belassen.

---

17 Vgl. dazu KOTRSCHAL, K.; BROMUNDT, V.; FÖGER, B.: Faktor Hund.- 2004, S. 79.

Wir baten S., Abstand von Luki zu halten. Die weiteren Hundebesuche lösten keinerlei allergische Reaktion bei dem Mädchen aus.

Suchen Sie einen geeigneten Raum!

Möchten Sie mit einzelnen Kindern oder Kindergruppen arbeiten? Nicht jeder Raum ist gleichermaßen für die tiergestützte Arbeit geeignet.

- Achten Sie auf eine freundliche Atmosphäre! Ziehen Sie helle Räume vor. Ein kleines Zimmer ist besser geeignet als ein sehr großer Raum, wie beispielsweise der Turnsaal.
- Die Bibliothek ist zur tiergestützten Arbeit ebenso wenig zu empfehlen wie der Computerraum. Wählen Sie ein Zimmer, das möglichst nicht an schulische Arbeit erinnert.
- Und: Bleiben Sie bescheiden! In einer überfüllten Schule ist es nicht einfach, einen ruhigen Platz zu finden. Vielleicht besteht die Möglichkeit, es sich in einer Garderobe gemütlich zu machen. Eine Matratze ist schnell herbeigeschafft!

Beispiel:

In der Konferenz bat ich die KollegInnen, den Fernsehraum neben unserer Klasse benutzen zu dürfen, wurde jedoch darauf hingewiesen, dass dieses Zimmer bereits vielseitig genutzt wird. Die Leiterin der Nachmittagsbetreuung bot mir an, in den ruhigen und hellen Freizeiträumen zu arbeiten. Sofern es organisatorisch möglich war, nutzte ich die Räume der Nachmittagsbetreuung. Fand die Einzelarbeit am Nachmittag statt, arbeitete ich mit den Kindern in unserem Klassenraum.

PRAKTISCHE ARBEIT MIT DEM HUND[18]

Arbeit mit der gesamten Schulklasse

Die Basis: Gemeinsames Erstellen von Verhaltensregeln

Die Integration eines Hundes in den Klassenverband birgt die Gefahr in sich, dass die schulische Arbeit auf der Strecke bleibt. Der starke Aufforderungscharakter des Vierbeiners verleitet zum ständigen Spiel.

Erstellen Sie gemeinsam mit Ihren SchülerInnen Verhaltensregeln! Stellen Sie sicher, dass sich die Kinder auch an den Hundebesuchstagen konzentrieren!

Machen Sie die Notwendigkeit der Regeln erlebbar!

Erzählen Sie zunächst den Kindern von Ihrem Hund und dem Wunsch, den Vierbeiner in die Schule mitzunehmen. Besprechen Sie mit den SchülerInnen, weshalb das Tier noch nicht in die Schule mitgekommen ist. Lassen Sie ein(e) SchülerIn in die Rolle des Vierbeiners schlüpfen, der die MitschülerInnen bei ihrer schulischen Arbeit stört. Die Kinder erkennen: *Die Störungen durch den Hund verhindern, dass wir mit unseren Aufgaben fertig werden. Wir müssen dem Tier zeigen, was ihm erlaubt ist und was nicht.* Fordern Sie die SchülerInnen auf, dem „Hund" mitzuteilen, was er tun darf und was nicht. Hier wird schnell klar: *Wir brauchen Einigkeit! Jeder muss sich in gleicher Weise an der „Erziehung" des Tieres beteiligen, wir müssen alle „an einem Strang" ziehen!*

Legen Sie sich fest!

Erarbeiten Sie nun im Gespräch mit den SchülerInnen die wesentlichsten Verhaltensregeln für die Hundebesuchstage.

---

18 Vgl. VANEK-GULLNER, A.: Das Konzept Tiergestützte Heilpädagogik – TGHP.- Wien: WUV, 2003.

Beispiel:

In meiner ersten Volksschulklasse schlüpfte ich in die Rolle einer Handpuppe in Gestalt eines Hundes, stellte den SchülerInnen ein Rätsel und beschrieb meinen Therapiehund. Anschließend erzählte die Handpuppe von Luki und dass dieser gerne die Kinder in ihrer Klasse besuchen würde.

Weshalb ist der Hund noch nicht mitgekommen? Zur Beantwortung dieser Frage störte die Handpuppe die SchülerInnen bei der Arbeit. Die Kinder erkannten: Ständige Störungen durch den Hund verhindern, dass wir mit unseren Aufgaben fertig werden.

Danach spielte ein Kind die Rolle des Vierbeiners und mehrere SchülerInnen versuchten zugleich, diesem Kind zu sagen, was es zu tun hat; hier wurde erlebbar, dass mehrere Befehle das Tier verwirren.

Schließlich bettelte der „Klassenstoffhund" während der Pause einige SchülerInnen um ihr Essen an. Dabei war spürbar, dass es störend ist, nicht in Ruhe die Jause essen zu können.

Die spielerischen Aktionen verdeutlichten: Wir brauchen Regeln! Dabei genügt es nicht, wenn lediglich die Lehrerin oder der Lehrer weiß, was dem Hund erlaubt ist und was nicht. Zur Integration des Hundes in die Klasse wird die Mithilfe und Zusammenarbeit aller Kinder benötigt.

Im Gespräch erstellten wir folgende Verhaltensregeln:

- *Wir versuchen, auch an den Hundebesuchstagen unsere schulischen Arbeiten durchzuführen.*
- *Während der Pause nehmen wir Rücksicht auf den Hund und verhalten uns leise.*
- *Möchte ein Kind während des Unterrichts mit dem Hund spielen, verpflichtet es sich, Rücksicht auf die arbeitenden MitschülerInnen zu nehmen.*
  Das Kind trägt die volle Verantwortung dafür, selbst mit seiner Arbeit fertig zu werden. Fühlt sich das Kind durch Luki gestört, zeigt es ihm durch ein klares „Aus!" seine Grenzen.
  Die anderen versuchen, sich nicht ablenken zu lassen.

• *Bettelt Luki während der Esspause um die Jause, weisen wir ihn durch ein sicher gesprochenes „Nein" in seine Schranken.*
• *Alle Kinder verpflichten sich in gleicher Weise zur Einhaltung der Regeln.*

Zuletzt legten wir einige organisatorische Rahmenbedingungen für die Hundebesuchstage fest. So einigten wir uns beispielsweise auf einen Ruheplatz des Tieres.

Üben Sie!

Üben Sie an den folgenden Schultagen die Einhaltung der Regeln! Schlüpfen Sie in die Rolle der Handpuppe, improvisieren Sie durch den Hund verursachte Störungen während der Arbeitsphasen. Die Kinder sollen dem erstellten Regelkatalog entsprechend reagieren. In gleicher Weise können Sie auch während der Esspause die Rolle des Hundes spielen und einzelne SchülerInnen solange „anbetteln", bis diese richtig reagieren.

Der erste Hundebesuchstag

Wiederholen Sie die Regeln ohne Hund!

Stellen Sie sicher,
dass der erste Hundebesuchstag nicht im Chaos endet;
lassen Sie das Tier nicht bereits um drei viertel acht in der Früh in die Klasse;
bringen Sie die Kinder zunächst zur Ruhe!

Beispiel:

> *Um großen Tumult zu vermeiden, ging ich am ersten Hundebesuchstag mit*
> *Luki in der Früh in eine andere Klasse; meine Kollegin wiederholte mit den*
> *Kindern bei Unterrichtsbeginn die Regeln des Umgangs mit dem Tier und schuf*
> *eine ruhige Atmosphäre: Sie wies die SchülerInnen an, sitzen zu bleiben, wenn*
> *Luki hereinkommt, und bat, nicht nach dem Hund zu rufen, um ihn nicht zu*
> *verwirren. Wieder wurde auf die Notwendigkeit, dass alle Kinder in gleicher Weise*
> *die erstellten Regeln einhalten, hingewiesen.*

Wagen Sie die Annäherung!

Bringen Sie Kind und Hund in Kontakt; nehmen Sie auf mögliche Ängste der
SchülerInnen Rücksicht und lassen Sie den Vierbeiner unbedingt an der Leine!
Vermitteln Sie: Ich respektiere deine Ängste!

Beispiel:

> *Als ich mit Luki an der Leine die Klasse betrat, saßen die SchülerInnen auf ihren*
> *Plätzen. Ich setzte den Vierbeiner neben mir vor der Klasse ab; die Kinder hatten*
> *Gelegenheit, Fragen zu stellen. Die SchülerInnen wurden informiert, dass Luki*
> *vier Jahre alt ist und sich im Moment ein wenig fürchtet: Um ihm die Angst zu*
> *nehmen, dürfe jedes Kind zu ihm kommen, ihn streicheln und sich vorstellen.*
> *Daraufhin wurden die SchülerInnen in Zweier- und Dreiergruppen zu Luki*
> *gerufen. Meine Kollegin und ich beobachteten, wer Angst vor dem Tier zeigte*
> *beziehungsweise besonders positiv reagierte.*
>
> *Während später die Kinder mit meiner Kollegin zu lesen begannen, setzte ich*
> *mich mit Luki auf den Spielteppich. Nacheinander durften die SchülerInnen*
> *– sofern sie wollten – zu dem Hund kommen und intensiveren Kontakt mit ihm*
> *aufnehmen. Die anderen Kinder blieben bei ihrer Arbeit. Nachdem sich niemand*
> *vor Luki fürchtete, wurde der Hund während der darauffolgenden Schulstunden*
> *im Klassenraum frei gelassen.*

Bereiten Sie mit den Kindern nach!

Bereiten Sie vor allem den ersten Hundebesuch mit den SchülerInnen gut nach:
- Was hat uns gefallen, was hat uns nicht gefallen?
- Glaubst du, dass es dem Hund bei uns gut gegangen ist?
- Wie hat die Einhaltung der Regeln geklappt? Was nehmen wir uns für den nächsten Hundebesuch vor?

Spiele zum „Sozialen Lernen"

Schwerpunkte der Arbeit

- Klappen die Hundebesuchstage reibungslos? Halten sich die Kinder an die vereinbarten Regeln? Setzen Sie nun den Hund gezielt zur Gemeinschaftsbildung ein!
- Führen Sie Aktivitäten durch, die nur unter der Voraussetzung funktionieren, dass alle Kinder an einem Strang ziehen und der einzelne seine subjektiven Interessen zurückstellt. Dadurch wird vor allem „verhaltensauffälligen" Kindern die Bedeutung der Selbstzurücknahme erlebbar gemacht!
- Besonderen Wert haben Aktivitäten, die in Stille durchgeführt werden und die Kinder in der Gruppe zur Ruhe führen. Üben Sie mit den SchülerInnen nonverbale Kommunikation!

Aktivitäten

Kennenlern-Spiel

Die Kinder legen ihre Köpfe auf den Tischen in die Arme und schauen ein; der Hund sitzt. Eine Schülerin oder ein Schüler ruft den Hund. Die MitschülerInnen sollen das Kind an der Stimme erkennen.

Erstellen eines Plans

Die Gruppe erstellt eine Plan für die Hundebesuchstage: Wann gehen wir mit dem Hund Gassi? Wer ist für die Wasserschüssel zuständig? Wer achtet darauf, dass wir während der Pause nicht zu laut sind?

Gestalten einer Ausstellung

Die Kinder fotografieren sich gegenseitig mit dem Hund; aus den Bildern wird eine kleine Ausstellung gestaltet.

Tastspiel: Gegenstände des Hundes

Die SchülerInnen sitzen im Kreis und ertasten in einer Tastbox Spielzeuge und Gegenstände des Hundes (Leine, Halsband, Ball …).

Tastspiel: Körperteile des Hundes

Die Kinder sitzen in einem Kreis, führen sich gegenseitig die Hände zu unterschiedlichen Körperteilen des Hundes und erraten die Körperteile.

Ballweitergabe

Die Kinder stellen sich im Kreis auf, der Hund sitzt in der Kreismitte. Die SchülerInnen geben rasch einen kleinen Ball im Kreis weiter, ehe das fünfte, sechste oder siebente Kind den Ball dem Hund zuspielt.

Ballspiel

Die SchülerInnen sitzen im Kreis; ein Ball wird so hin- und hergerollt oder geworfen, dass der in der Mitte des Kreises abgesetzte Hund ihn nicht erreichen kann. Das dritte, vierte oder fünfte Kind wirft den Ball dem Vierbeiner zu.

Rechenspiel

Die SchülerInnen sitzen oder stehen im Kreis; der Hund sitzt in der Kreismitte. Ein Kind wirft einen Schaumstoffwürfel zu einer Mitschülerin oder einem Mitschüler, die/der den Würfel einem Dritten zuspielt. Das dritte Kind bildet aus den bisher gewürfelten Punkten eine Rechnung, beispielsweise 3 plus 2 ist 5. Danach wird dem Hund zugespielt, der den Würfel einem Kind vor die Füße legt.
(Der „Wert" dieses Spiels liegt in der Notwendigkeit der gegenseitigen Hilfestellung: Soll die Übung gelingen, muss das zweite Kind Demjenigen, dem es den Würfel zuspielen möchte, „seine" Punktezahl deutlich zeigen und ihm dadurch helfen, eine Rechnung zu bilden.)

Einstudierung eines Kunststücks

Besonders in der Arbeit mit einem jungen Hund kann die gesamte SchülerInnengruppe an der Erarbeitung kleiner Kunststücke mitwirken: Die SchülerInnen setzen sich in einen Kreis; ein Kind rollt einen Ball in die Mitte und versucht, den Hund – eventuell mit Leckerbissen – dazu zu bewegen, das Spielzeug wieder zu bringen.
(Machen Sie die Kinder darauf aufmerksam, dass die Durchführung dieser Übung dem Tier ein hohes Maß an Konzentration abverlangt und niemand durch unaufgefordertes Sprechen zu dem Hund die Aktivität stören darf.)

Leinenweitergabe

Die Kinder sitzen im Sesselkreis und strecken ihre Arme nach hinten; eine Schülerin oder ein Schüler geht mit dem angeleinten Hund außerhalb des Sitzkreises eine Runde und legt die Leine in die Hände einer Mitschülerin oder eines Mitschülers. Nun geht dieses Kind eine Runde.

Beingrätsche

Die SchülerInnen stellen sich mit gegrätschten Beinen hintereinander auf; der Hund sitzt vor dem ersten Kind. Eine Schülerin oder ein Schüler stellt sich an das Ende der Reihe und lotst den Vierbeiner durch die Beingrätschen.

Durchführung von Tätigkeiten nach Symbolen

Die Kinder überlegen gemeinsam Symbole für unterschiedliche Tätigkeiten (den Hund füttern, an der Leine führen …). Nach dem gemeinsamen Basteln entsprechender Bildkarten ziehen die SchülerInnen und führen die Tätigkeiten durch.

Würfelspiel

Verschiedene Tätigkeiten (Füttern, Führen, Spielen …) werden unterschiedlichen Würfelpunktezahlen zugeordnet. Ein Kind würfelt und führt die entsprechende Tätigkeit durch. Zur Variation gibt die Würfelpunktezahl an, wie oft eine Aktivität mit dem Hund durchzuführen ist.

Herstellung eines Hundepuzzles oder einer Collage

Die Kinder stellen gemeinsam aus Hundebildern Puzzles her. Oder: Aus Zeitschriften werden Gegenstände zum Thema „Hund" und Hundebilder ausgeschnitten; die Kinder gestalten daraus eine Collage.

Flaschenspiel

Die SchülerInnen sitzen im Kreis; in der Kreismitte liegt eine Flasche. Ein Kind dreht die Flasche und stellt dem Kind, das von der gedrehten Flasche getroffen wird, eine Hunde-Aufgabe (mit dem angeleinten Hund durch den Raum gehen, dem Tier ein Kommando geben …).

Blinde Kuh

Die SchülerInnen bilden einen Kreis, einem Kind werden die Augen verbunden: Es soll den in der Mitte liegenden Hund finden. Die MitschülerInnen geben Hilfestellungen.

Tunnel

Die Kinder stellen sich in zwei Reihen auf und reichen ihrem Gegenüber die Hände. Ein(e) SchülerIn lotst den Hund durch den Tunnel.

Reifenspiel

Ein Kind hält einen Reifen; die MitschülerInnen kriechen mit dem Hund durch den Reifen.

Slalom

Die Kinder stellen sich in geringem Abstand voneinander auf; eine Schülerin oder ein Schüler führt den Hund im Slalom an der Leine.

Hunde-Suchspiel

Ein(e) SchülerIn führt den Hund mit verbundenen Augen durch die Kinderschar; ein Kind unterstützt die Mitschülerin oder den Mitschüler.
Oder: Ein Kind sucht den Hund mit verbundenen Augen; die MitschülerInnen helfen.

Arbeit mit einzelnen Kindern[19]

Die folgenden Seiten zeigen Vorschläge für spielerische Aktivitäten mit einzelnen SchülerInnen:

- Alle aufgezeigten Aktivitäten sind in der Praxis erprobt und auf ihre positive Wirkung evaluiert.
- Bei der Auswahl der Übungen wurde Wert darauf gelegt, dass sie für den Hund einfach durchführbar sind.
- Jede Übung tut jedem Kind gut, ist aber bei einer bestimmten Kindergruppe (ängstliche, „aggressive" SchülerInnen) besonders „wirksam".
- Die Übungen der einzelnen Übungsreihen sind sowohl nacheinander als auch durcheinander durchführbar.

Die Arbeit mit ängstlichen Kindern
Schwerpunkte der Arbeit

- Ermutigen Sie Kinder, denen es schwer fällt, sich der Gruppe zu präsentieren, über die Kommandoarbeit mit dem Hund! Da das Tier nur dann gehorcht, wenn das Kind mit Sicherheit und Vehemenz auftritt, wird überzeugendes Sprachverhalten geübt.
- Wählen Sie zu Beginn und am Ende jeder Einheit aktivierende Übungen!
- Erarbeiten Sie mit dem Kind ein kleines Programm. Die Gegenwart des Tieres wirkt als ermutigender Katalysator – der/die SchülerIn erlebt sich stark und selbstbewusst.
- Geben Sie dem Kind die Möglichkeit, auch vor anderen zu bestehen; lassen Sie das Programm den MitschülerInnen vorführen!
- Ermutigen Sie das Kind zur Artikulation seiner Ängste und Bedürfnisse, indem auch Sie von eigenen Ängsten erzählen (z. B. Ich habe Angst vor fremden Hunden).

---

19 Vgl. VANEK-GULLNER, A.: Das Konzept Tiergestützte Heilpädagogik – TGHP.- Wien: WUV, 2003. Vgl. auch BORTENSCHLAGER, H.; REIFBERGER, M.: Spiele aus der Praxis; Skriptum des Vereins Tiere als Therapie – Oberösterreich.

- Begeben Sie sich möglichst häufig in die Rolle der Schülerin oder des Schülers! Wenn das Kind Übungen mit Ihnen durchführt, befreien Sie es von Leistungsdruck.
- Schaffen Sie Identifikationsmöglichkeiten mit dem Hund, indem Sie von Ängsten des Tieres erzählen.
- Beginnen Sie beim Bürsten des Hundes ein Gespräch mit dem Kind! Die Schülerin oder der Schüler wird „lockerer" mit Ihnen plaudern als in anderen Situationen. Ermutigen Sie sehr schüchterne Kinder zu initiativem Verhalten, indem sie aus zwei Aktivitäten wählen können.
- Versuchen Sie, das Kind über eine sehr anregende Stimme zu aktivieren.
- Beenden Sie die Einheit dann, wenn das Kind gerade einen mutigen Schritt getan hat. Entlassen Sie die Schülerin oder den Schüler mit einem Erfolgserlebnis!

Aktivitäten für ängstliche Kinder

Zu Beginn: Ermutigung des Kindes/Einüben unterschiedlicher Befehle

- Das Kind steht auf einem Tisch oder Sessel. Führen Sie verschiedene Aktivitäten mit dem Hund durch! Der/die SchülerIn bestimmt, wann er/sie sich einbringt.
- Der/die SchülerIn bestimmt durch Schläge auf verschiedene Instrumente, wann Sie welche Aktivität durchführen.
- Das Kind bestimmt durch Trommelschläge Ihren Gehrhythmus mit dem angeleinten Hund.
- Der/die SchülerIn experimentiert mit der Stimme und beobachtet die Reaktion des Hundes. Dabei wird auch über die eigene Stimme reflektiert: Wie klingt sie, wenn ich traurig/fröhlich bin?
- Das Kind drückt durch Imitation der Bellgeräusche und Körpersprache des Tieres unterschiedliche Gefühle aus. Schließlich werden wichtige Kommandos *(Sitz! Platz! Steh! Hier!)* im richtigen Tonfall geübt. Der Hund wird bei erwartungsgemäßem Verhalten belohnt.

- Der/die SchülerIn ordnet dem Klang verschiedener Orff-Instrumente die unterschiedlichen Kommandos an das Tier zu.
- Führen Sie den Hund durch den Raum! Das Kind bestimmt durch einen Instrumentenschlag, wann Sie dem Tier welchen Befehl erteilen!

Kleine Kunststücke – Führung des Hundes
(Betonen Sie dem Kind gegenüber die Bedeutung sicheren Auftretens!)

- Führen Sie ein Wurfspiel mit einem Schaumstoffball oder -würfel durch! Nach mehrmaligem Fangen wird der Ball oder Würfel dem sitzenden Hund zugespielt.
- Das Kind gibt dem Hund das Kommando *Sitz!*, entfernt sich einige Schritte und wirft dem Tier den Ball so zu, dass er gefangen werden kann.
- Der/die SchülerIn steht auf einem Sessel und hält ein Spielzeug des Hundes in der Hand. Durch das Kommando *Hopp!* wird das Tier veranlasst, sich das Spielzeug zu holen.
- Das Kind gibt dem Hund das Kommando *Sitz!* und versteckt ein Spielzeug des Tieres. Auf das Kommando *Such!* bringt der Vierbeiner den Gegenstand zurück. (Lassen Sie bei sehr ängstlichen Kindern den Hund nicht von der Leine, übernehmen Sie die Führung des Tieres!)
- Das Kind setzt den Hund etwa einen Meter von sich entfernt ab und hängt einen kleinen Gummireifen über einen Arm oder über ein Bein. Auf ein Zeichen wirft das Kind den Gummireifen gezielt in die Richtung des Hundes. Das Tier fängt den Reifen und bringt ihn zurück.
- Der/die SchülerIn führt den Hund an der Leine durch den Raum. (Geben Sie zu Beginn dem Kind Sicherheit, indem Sie Richtung und Schrittanzahl vorgeben; lassen Sie das Kind zunehmend selbst bestimmen!)
- Das Kind führt den Hund an der Leine durch den Raum und findet zu vorgegebenen Rhythmen den passenden Bewegungsmodus.
- Die unterschiedlichen Kommandos an das Tier werden dem Klang verschiedener Orff-Instrumente zugeordnet. Das Kind führt den angeleinten Hund, schlägt auf ein Instrument und gibt dem Tier das entsprechende Kommando.

- Der Hund springt – eventuell gemeinsam mit dem Kind – über ein gespanntes Seil.
- Das Kind studiert möglichst selbstständig in Zusammenarbeit mit dem Hund ein Programm aus verschiedenen Kunststücken ein.
- Der/die SchülerIn führt das einstudierte Programm den MitschülerInnen vor und ermutigt diese zur Nachahmung.

Kleine Mutproben

- Der/die SchülerIn liegt auf dem Boden, der angeleinte Hund wird um das Kind herum geführt.
- Das Kind sitzt auf dem Boden. Rund um das Kind werden Leckerli gelegt, die der Hund auffressen darf. (Lassen Sie bei sehr ängstlichen Kindern das Tier nicht von der Leine!)
- Der/die SchülerIn hat die Aufgabe, über den liegenden Vierbeiner zu steigen, zu springen oder um ihn herumzulaufen.
- Der Hund wird unter den gegrätschten Beinen des Kindes durchgelockt.
- Dem liegenden Kind wird ein Leckerli auf den Bauch gelegt. Der Hund darf das Leckerli vorsichtig fressen.
- Das Kind nimmt mit den Zehen ein Futterstück auf und füttert es dem Hund.
- Der/die SchülerIn kriecht unter dem Bauch des Tieres durch.

Beispiel für eine Einheit mit einem sehr ängstlichen Kind ohne intensiven Kontakt zwischen SchülerIn und Hund

1. Phase: Ermutigung des Kindes/Einüben unterschiedlicher Befehle

- Das Kind steht auf einem Tisch oder Sessel. Der/die LehrerIn führt verschiedene Aktivitäten mit dem Hund durch. Der/die SchülerIn bestimmt, wann er/sie sich einbringt.

- Der/die SchülerIn gibt durch einen/zwei/drei Trommelschläge vor,
  wann der/die LehrerIn welche Aktivität durchführt.
- Das Kind bestimmt durch Trommelschläge den Gehrhythmus der Lehrerin oder
  des Lehrers mit dem angeleinten Hund.
- Das Kind erteilt dem Hund aus der Entfernung unterschiedliche Befehle.
  Der/die LehrerIn belohnt das Tier mit Leckerbissen und betont die Freude über
  das sichere Auftreten des Kindes.
- Unterschiedliche Kommandos werden verschiedenen Instrumenten zugeordnet.
  Der/die LehrerIn führt das Tier; das Kind bestimmt durch Instrumentenschläge,
  wann welcher Befehl erteilt wird.

2. Phase: Kleine Kunststücke – Führung des Hundes
(Die Übungen können zur Auflockerung des Kindes mit anregender
Hintergrundmusik durchgeführt werden.)

- Das Kind arbeitet nun auf einer Ebene mit dem Hund. LehrerIn und Kind führen
  ein Wurfspiel mit einem Schaumstoffball oder -würfel durch. Nach dreimaligem
  Fangen wird der Ball oder Würfel dem Hund zugespielt.
- Der/die SchülerIn gibt dem Hund das Kommando *Sitz!* und versteckt
  ein Spielzeug des Tieres. Auf das Kommando *Such!* bringt der Vierbeiner
  den Gegenstand zurück. Der/die LehrerIn führt den Hund an der Leine.
- Der/die SchülerIn führt den Hund an der Leine durch den Raum.
  Zu Beginn gibt der/die LehrerIn Richtung und Schrittanzahl vor.
- Die unterschiedlichen Kommandos an das Tier werden dem Klang verschiedener
  Orff-Instrumente zugeordnet. Das Kind führt den Hund an der Leine,
  schlägt auf ein Instrument und gibt dem Tier das entsprechende Kommando.

3. Phase: Kleine Mutproben

- Der/die SchülerIn sitzt auf dem Boden; rund um das Kind werden Leckerli gelegt, die der Hund fressen darf.
- Das Kind hat die Aufgabe, über den liegenden Vierbeiner zu steigen, zu springen oder um ihn herumzulaufen.
- Der Hund wird unter den gegrätschten Beinen des Kindes durchgelockt.
- LehrerIn und SchülerIn besprechen die Einheit nach: Was ist uns in dieser Einheit gut gelungen?

Die Arbeit mit „aggressiven" und „hyperaktiven" Kindern
Schwerpunkte der Arbeit

- „Aggressive" SchülerInnen müssen häufig erst lernen, Zuneigung anzunehmen. Schenken Sie in ruhiger Atmosphäre die Möglichkeit, Berührung als etwas Positives zu erleben!
Eröffnen Sie dem Kind über den Körperkontakt mit dem Hund Zugänge zu den eigenen Bedürfnissen!
- Bahnen Sie die Berührung mit hohem Maß an Sensibilität an!
- Halten Sie folgenden Übungsablauf ein:
  - Anbahnung der Berührung des Hundes
  - Direkte Berührung des Hundes
  - Anbahnung der Berührung der Lehrerin oder des Lehrers
  - Direkte Berührung der Lehrerin oder des Lehrers
- Überrollen Sie nicht – setzen Sie auf Zurücknahme!
- Lassen Sie die Übungen auch vor MitschülerInnen durchführen.
Geben Sie dem Kind die Chance, seine weiche Seite zu zeigen!

- Machen Sie auf zweifache Weise erfahrbar, dass die Forderung nach Einhaltung von Regeln kein Angriff gegen die eigene Person ist:
  - Scheuen Sie sich nicht vor sehr klaren Anweisungen, machen Sie aber zugleich – beispielsweise durch Berührung – Ihre Wertschätzung spürbar!
  - Geben Sie auch dem Hund sehr klare Regeln vor und vermitteln Sie gleichzeitig Ihre Zuneigung dem Tier gegenüber! Der/die SchülerIn lernt in der Identifikation mit dem Hund.
- Üben Sie mit dem Kind konstruktiven Umgang mit den eigenen Aggressionen, ermutigen Sie es zu Abgrenzung und klarer Artikulation der eigenen Wünsche (z. B. *Das möchte ich nicht!*)!
- Machen Sie dem Kind seine Verantwortung für das eigene Verhalten bewusst, indem Sie die nonverbalen Botschaften des Hundes kommentieren (z. B. *Jetzt möchte Luki nicht mehr mit dir spielen, weil du zu grob zu ihm warst.*).
- Vor allem ein kleiner „Zappelphilipp" hat oft Probleme damit, Reihenfolgen wahrzunehmen, zu behalten und wiederzugeben. Legen Sie in der tiergestützten Arbeit mit „hyperaktiven" Kindern den Schwerpunkt auf diesen Bereich!
- Üben Sie mit dem Kind das Zur-Ruhe-kommen, indem Sie selbst eine leise Sprache wählen und versuchen, Momente der Stille auszuhalten. Führen Sie das Kind auch über Aktivitäten zur Wahrnehmungssensibilisierung zur Ruhe! (Vgl. Aktivitäten für Kinder mit Wahrnehmungsbeeinträchtigungen, S. 60ff.)

Aktivitäten für „aggressive" und „hyperaktive" Kinder

Zu Beginn: Aktivitäten, die Gespräche über das Verhalten in der Gruppe einleiten und der Bedürftigkeit des Kindes Raum geben

- Das Kind zeichnet sich und den Hund und beschriftet das Bild mit den Worten *Hundestunde, bitte nicht stören!* Das Schild wird vor jeder Einheit an die Türe gehängt.
- Erstellen Sie mit dem Kind in ruhiger Gesprächssituation Regeln für die Einzelarbeit. Reflektieren Sie am Ende der Einheit über die Einhaltung der Regeln!

- Der/die SchülerIn spielt verschiedene Gefühlszustände auf unterschiedlichen Instrumenten. Wie geht es mir und dem Hund heute?
- Fertigen Sie Bildkarten an, die Szenen aus dem „Hundeleben" darstellen (z. B. den Hund an der Leine führen; Essen, das nicht für Hunde bestimmt ist …). Sprechen Sie mit dem Kind darüber, was dem Vierbeiner erlaubt ist und was nicht!
- Der/die SchülerIn zerrt gemeinsam mit dem Hund an einem Seil. Schafft es das Kind, gegen den Vierbeiner zu verlieren? Loben Sie und sprechen Sie über die Bedeutung von Spielregeln.

Das Kind zur Ruhe führen – emotionale Bergung des Kindes
Aktivitäten mit dem Schwerpunkt Berührung

- Anbahnung der Berührung des Hundes
  - Bürsten des Hundes: Kinder, die die Berührung des Tieres scheuen, streicheln den Hund über die Hundebürste. Stellen Sie Aufgaben wie *Bürste den Hund besonders leicht/stark!*, *Bürste den Hund mit der Bürste so, dass es ihm besonders angenehm ist!* oder *Berühre den Hund so, dass er es gerade spürt!* Zeigt das Tier ein Wohlgefühl? Verstärken Sie die nonverbal vermittelten Botschaften des Hundes mit den Worten *Du tust ihm gut*. Vermitteln Sie dem Kind, dass es Gutes bewirken kann!
  - Ballmassage: Bei SchülerInnen, die die direkte Berührung scheuen, kann ein Tennisball zu Hilfe genommen werden. Das Kind lässt einen Tennisball über unterschiedliche Körperteile des Vierbeiners kreisen.

- Direkte Berührung des Hundes
  - Hundemassage: Das Kind massiert den Hund – eventuell unter Anleitung – an unterschiedlichen Körperteilen.
  - Das Kind zieht aus Wortkarten mit den Körperteilen des Tieres und streichelt den Hund an dieser Stelle.

- Klavierspielen: Auf dem Fell des liegenden oder stehenden Hundes wird mit den Fingern oder Zehen Klavier gespielt (langsam, schnell, mit einer Hand, mit beiden Händen, forte – piano).
- Komplexe Aufgaben: Stellen Sie dem Kind Aufgaben wie *Berühre mit deiner linken Hand den Bauch des Tieres!* oder *Gib dem Hund mit der rechten Hand ein Stück Futter!*
- Entspannung im Körperkontakt mit dem Tier: Das Kind nimmt unterschiedliche Liege- und Sitzpositionen (neben den Hund setzen oder legen, ein Bein über das Tier legen) ein. Dabei sollen sich SchülerIn und Hund wohl fühlen. Eventuell kann das Kind die Übung mit geschlossenen Augen durchführen.

• Anbahnung der Berührung der Lehrerin oder des Lehrers
  - Ballmassage: Berühren Sie Kinder, die die Berührung scheuen, zunächst nur über einen Ball. Der/die SchülerIn gibt die Berührungen an das Tier weiter.
  - Einbezug einer Handpuppe: Bahnen Sie die direkte Berührung des Kindes über die Handpuppe an! Der/die SchülerIn gibt die Empfindungen an den Hund weiter.

• Direkte Berührung der Lehrerin oder des Lehrers
  - Ertasten von Körperteilen des Hundes: Führen Sie die Hand der Schülerin oder des Schülers bei geschlossenen Augen des Kindes behutsam an einen Körperteil des Tieres; das Kind errät, welchen Körperteil es erspürt.
  - Unreflektierte Übertragung von Berührungen: Setzen Sie sich hinter das Kind; der Hund liegt vor der Schülerin oder dem Schüler. Berühren Sie das Kind behutsam an den Armen oder Beinen; der/die SchülerIn hat die Aufgabe, dem Tier das Erspürte zu vermitteln. Die Übung kann auch bei geschlossenen Augen des Kindes durchgeführt werden.
  - Bewusste Übertragung von Berührungen: Der/die SchülerIn sitzt zwischen Ihnen und Ihrem Hund und wird nacheinander in unterschiedlicher Druckstärke an verschiedenen Körperteilen berührt. Das Kind hat die Aufgabe, die Berührungen in entsprechender Intensität auf das Tier zu übertragen.

Die Übung erlaubt folgende Varianten:
- Das Kind überträgt die Berührung in entsprechender zeitlicher Dauer auf den Hund.
- Der/die SchülerIn überträgt unterschiedliche Arten der Berührung (mit den Fingerspitzen, mit den Handballen, mit den Knöcheln, streichen, drücken …) auf das Tier.
- Das Kind versucht, den Hund so leicht zu berühren, dass es für diesen gerade spürbar ist, oder so stark zu berühren, dass es ihm gerade nicht unangenehm ist. Über die Beobachtung der Reaktionen des Tieres wird ein Gespräch über die Bedürfnisse des Kindes angebahnt.
  Was ist mir angenehm und was nicht? Wo sind meine Grenzen?
- Führung des Gegenübers: Führen Sie das Kind in verschiedene Sitz- und Liegepositionen; das Kind vertraut sich an. Im Rollentausch führt der/die SchülerIn und übt dosierten Einsatz der eigenen Körperkraft.

Kommandoarbeit unter sensiblem Spracheinsatz
(Betonen Sie dem Kind gegenüber die Bedeutung des gefühlvollen Umgangs mit dem Tier!)

- Der/die SchülerIn führt das angeleinte Tier durch den Raum; geben Sie Regeln vor, fordern Sie das Kind zu liebevoller Sprache und rücksichtsvollem Verhalten auf! Sprechen Sie danach mit dem Kind über seine eigenen Möglichkeiten zur Regeleinhaltung!
- Der/die SchülerIn führt den Hund an der Leine durch den Raum und findet zu vorgegebenen Rhythmen den passenden Bewegungsmodus.
- Die unterschiedlichen Kommandos an das Tier werden dem Klang verschiedener Orff-Instrumente zugeordnet. Der/die SchülerIn führt den angeleinten Hund und gibt dem Tier nach einem Instrumentenschlag das entsprechende Kommando.
- Das Kind macht mit wasserbefüllten Gläsern Musik und ordnet den unterschiedlichen Tonhöhen verschiedene Kommandos zu.

Der/die SchülerIn führt das Tier und gibt auf einen Schlag auf ein Glas den passenden Befehl.

- Das Kind gibt dem Hund das Kommando *Sitz!*, entfernt sich einige Schritte und wirft dem Tier einen Ball so zu, dass er gefangen werden kann.
- Der/die SchülerIn gibt dem Hund das Kommando *Sitz!* und versteckt ein Spielzeug des Tieres. Auf das Kommando *Such!* soll der Vierbeiner den Gegenstand zurückbringen.
- Das Kind setzt den Hund etwa einen Meter von sich entfernt ab und hängt einen kleinen Gummireifen über einen Arm oder über ein Bein. Auf ein Zeichen wirft das Kind den Gummireifen gezielt in die Richtung des Hundes. Das Tier fängt den Reifen und bringt ihn zurück.

Aktivitäten zur Förderung der Serialität (besonders für hyperaktive Kinder)

- Nehmen Sie den Hund an die Leine, bürsten Sie ihn, streicheln Sie das Tier …
  Das Kind beobachtet und führt die Tätigkeiten in derselben oder entgegengesetzten Reihenfolge durch.
- Berühren Sie nacheinander verschiedene Körperteile des Tieres.
  Das Kind hat die Aufgabe, die Berührungen in derselben oder in umgekehrter Reihenfolge durchzuführen.
- Nehmen Sie gemeinsam Hunde-Geräusche (fressen, an der Leine führen …)
  auf Kassette auf. Nach dem Anhören werden die Tätigkeiten mit dem Hund in derselben oder umgekehrten Reihenfolge ausgeführt.

Beispiel für eine Einheit mit einem „aggressiven" Kind

1. Phase: Aktivitäten, die Gespräche über das Verhalten in der Gruppe einleiten und der Bedürftigkeit des Kindes Raum geben

- Das Kind zeichnet sich und den Hund; das Bild wird mit den Worten *Hundestunde, bitte nicht stören!* beschriftet. Das Schild wird vor jeder Einheit an die Klassentüre gehängt.

- LehrerIn und Kind erstellen in ruhiger Gesprächssituation Regeln für die Einzelarbeit.
- Der/die SchülerIn spielt verschiedene Gefühlszustände auf unterschiedlichen Instrumenten. Wie geht es mir und dem Hund heute?
- Der/die SchülerIn zerrt gemeinsam mit dem Hund an einem Seil. Wer gewinnt?

2. Phase: Das Kind zur Ruhe führen – Aktivitäten mit dem Schwerpunkt Berührung

- Die Berührung des Hundes wird über das Bürsten des Tieres angebahnt.
- Hundemassage: Das Kind massiert – eventuell unter Anleitung – das Tier an verschiedenen Körperteilen.
- Klavierspielen: Der/die SchülerIn spielt auf dem Fell des liegenden Hundes Klavier.
- Anbahnung der Berührungen der Lehrerin oder des Lehrers: Das Kind überträgt die über einen Ball erspürten Berührungen auf das Tier.
- Bewusste Übertragung der Berührungen der Lehrerin oder des Lehrers: Das Kind überträgt unterschiedliche Arten von Berührung auf den Hund.

3. Phase: Kommandoarbeit unter sensiblem Spracheinsatz – ruhiges Beenden der Einheit

- Das Kind führt das angeleinte Tier durch den Raum; der/die LehrerIn fordert das Kind zu liebevoller Sprache und rücksichtsvollem Verhalten auf!
- Die unterschiedlichen Kommandos an das Tier werden dem Klang verschiedener Orff-Instrumente zugeordnet. Das Kind führt den angeleinten Hund und gibt dem Tier nach einem Instrumentenschlag das entsprechende Kommando.
- Nachbesprechung in stiller Atmosphäre: Was ist uns in dieser Einheit gut geglückt?

Die Arbeit mit Kindern mit Wahrnehmungs- und/oder Sinnesbeeinträchtigungen
Schwerpunkte der Arbeit

- Die Arbeit mit dem Vierbeiner eröffnet ein weites Feld der Förderung der unterschiedlichen Wahrnehmungsbereiche.
- Die Gegenwart des Hundes wirkt ermutigend; das Kind traut sich Aktivitäten zu, zu deren Durchführung in anderen Situationen Wille und Mut fehlen.
- Beginnen Sie bei Übungen, die der/die SchülerIn sicher beherrscht, und loben Sie das Kind für seine Leistung! Wagen Sie sich danach auch an Bereiche heran, in welchen der/die SchülerIn im Klassenunterricht „schwach" ist.

Aktivitäten für Kinder mit Wahrnehmungs- und/oder Sinnesbeeinträchtigungen

Übungen zur Schulung der visuellen Wahrnehmung

- Nach stiller Beobachtung des Tieres zeichnet das Kind den Vierbeiner detailgetreu. (Nehmen Sie sich bei der Bildbesprechung Zeit, über angenehme und unangenehme Erlebnisse mit Hunden zu sprechen!)
- Die Spielzeuge des Hundes werden auf den Boden gelegt und benannt. Während sich das Kind abwendet, entfernen Sie einen Gegenstand oder legen etwas dazu. Das Kind öffnet die Augen und äußert seine Vermutung.
- Nach Beobachtung des Tieres schließt das Kind seine Augen. Verändern Sie ein Detail an dem Hund oder seiner Umgebung (Wechsel des Halsbandes, Entfernen eines Stuhls ...) Was wurde verändert?
- Zeigen Sie auf einem Foto, wo das Tier gestreichelt werden soll!

- Das Kind fotografiert den Vierbeiner in unterschiedlichen Situationen und gestaltet aus den entwickelten Bildern eine Collage; jedes Foto wird durch einen Satz oder einen kurzen Text kommentiert. (Kinder, die sich nicht gerne fotografieren lassen, haben häufig Freude daran, mit dem Hund abgelichtet zu werden. Gestalten Sie mit dem Kind eine Collage, die den MitschülerInnen präsentiert wird!)
- Der/die SchülerIn fotografiert einzelne Körperteile des Hundes; nach der Entwicklung der Bilder werden diese den realen Körperteilen des Vierbeiners zugeordnet.

Übungen zur Schulung der auditiven Wahrnehmung unter Einbezug musiktherapeutischer Elemente

Die nachfolgenden Übungen haben – auch für „aggressive" und „hyperaktive" SchülerInnen – besonderen Wert, wenn sie mit geschlossenen Augen durchgeführt werden. Ermutigen Sie das Kind, sich anzuvertrauen! Lassen Sie es im Hinhören zur Ruhe kommen!

- Das Kind sitzt mit geschlossenen Augen in der Raummitte. Führen Sie mit dem Hund verschiedene Tätigkeiten durch (spielen, füttern, trinken …). Das Kind errät die Tätigkeit.
- Das Kind schließt die Augen; sprechen Sie mit leiser Stimme wahre/falsche Aussagen über den Hund aus (z. B.: Der Hund hat zwei Beine). Auf jede falsche Aussage reagiert der/die SchülerIn mit einem zuvor ausgemachten Zeichen.
- Eine Hundegeschichte wird zwei Mal vorgelesen. Bauen Sie bei der Wiederholung Fehler ein, die das Kind „aufspüren" soll.
- Das Kind schließt die Augen. Lassen Sie bekannte Hunde-Gegenstände nacheinander auf den Boden fallen; der/die SchülerIn errät den Gegenstand.
- Nehmen Sie „Hundegeräusche" auf Kassette auf (Ballspiel mit dem Hund, Füttern des Tieres, Gehen mit dem Hund …). Beim Anhören der Kassette werden die zuvor erlebten Situationen nacherzählt.

- Der/die SchülerIn ruft mit geschlossenen Augen den Hund.
  Setzt sich das Tier in Bewegung, zeigt das Kind rasch in die Richtung,
  aus welcher der Hund herbeiläuft.
- Unterschiedliche Instrumente werden verschiedenen Kommandos zugeordnet.
  Das Kind führt den Hund durch den Raum und gibt auf einen Instrumentenschlag den entsprechenden Befehl.
- Der/die SchülerIn macht mit wasserbefüllten Gläsern Musik und ordnet den
  unterschiedlichen Tonhöhen verschiedene Kommandos zu. Das Kind führt das
  Tier und gibt auf einen Schlag auf ein Glas den passenden Befehl.
- Der/die SchülerIn hört den Hund durch den Raum gehen und versucht
  – eventuell mit verbundenen Augen – seinen eigenen Gehrhythmus diesem Takt
  anzupassen. Bleibt der Hund stehen, setzt sich das Kind auf den Boden; sobald
  sich das Tier wieder in Bewegung setzt, geht auch der/die SchülerIn weiter.
- Das Kind findet zu einem vorgegebenen Rhythmus den passenden
  Bewegungsmodus.

Spiele zur Schulung der haptischen Wahrnehmung

- Der/die SchülerIn sucht oder ertastet mit verbundenen Augen verschiedene
  Körperteile des Tieres.
- Das Kind ertastet mit verbundenen Augen die Spielzeuge des Hundes.
- Die Spielzeuge des Vierbeiners werden bei geschlossenen Augen nach
  vorgegebenen Kriterien (rund, eckig …) geordnet.
- Das Kind formt eventuell mit geschlossenen Augen die Spielzeuge des Tieres
  oder den Vierbeiner selbst aus Plastilin.
- Das Kind bewegt sich mit verbundenen Augen durch den Raum und versucht,
  mit Unterstützung den Hund durch Betasten seiner Umgebung „aufzuspüren".
- Das Kind tastet mit geschlossenen Augen den Hund ab. Nach dem Öffnen der
  Augen beschreibt oder zeichnet der/die SchülerIn das Tier.
- Der/die SchülerIn streichelt eventuell mit geschlossenen Augen den Hund von
  Kopf bis Schwanz; dabei wird langsam bis 10 gezählt.

- Das Kind legt mit verbundenen Augen dem Hund sein Halsband um, nimmt ihn an die Leine und führt ihn durch den Raum.
- Der/die SchülerIn füttert das Tier mit verbundenen Augen.
- Das Kind ertastet mit den Füßen Körperteile des Hundes.
- Der/die SchülerIn geht mit bloßen Füßen und verbundenen Augen auf dem Teppich und führt den Hund.

Übungen zur Schulung der Raumlagewahrnehmung

- Das Kind stellt sich über das liegende Tier. Während es mit der rechten Hand die rechte Pfote berührt, wechselt das Kind seine Position und stellt sich gegenüber dem Hund auf. Der/die SchülerIn erkennt, dass aus der gegenüberliegenden Position die rechte Seite jene ist, die aus der eigenen Sichtweise die linke ist.
- Berühren und benennen Sie die Körperteile der „dominanten" Körperseite des Kindes, wobei der/die SchülerIn seitlich auf der nicht dominanten Körperseite liegt. Das Kind überträgt seine Empfindungen auf das Tier.
  In der darauf folgenden Sequenz wird die nicht dominante Körperseite auf die gleiche Weise „erarbeitet".
- Das Kind stellt sich dem Hund gegenüber auf und spiegelt die Bewegungen des Tieres. Dabei werden verschiedene Körperteile des Tieres (rechtes Ohr, linke Vorderpfote …) benannt.
- Der/die SchülerIn erfüllt unterschiedliche Aufgaben zur Rechts-links-Orientierung (rechts um den Hund herum laufen, das linke Ohr zeigen, mit dem rechten Knie die linke Pfote berühren …).
- Das Kind führt den Hund an der Leine und folgt Ihren Anweisungen (zum Beispiel *Gehe fünf Schritte geradeaus, drehe dich nach rechts und gehe drei Schritte zurück!*).
- Der/die SchülerIn nimmt gemeinsam mit dem Hund eine bestimmte Position ein (z. B. sich vor oder hinter den Hund stellen, neben ihn auf den Boden legen oder sich links beziehungsweise rechts von ihm hinsetzen).

- Das Kind hat die Aufgabe, den Hund in vorgegebenen Positionen abzulegen oder abzusetzen. Dabei wird die Position des Tieres beschrieben.
- Der Hund liegt im Raum, das Kind beschreibt die Lage des Tieres. Nachdem der/die SchülerIn den Raum verlässt, verändern Sie die Position des Tieres. Wo liegt der Hund nun?
- Das Kind beschreibt anhand von Hundefotos die Lage des Vierbeiners (steht neben dem Baum, liegt auf dem Teppich …).
- Der/die SchülerIn legt ein Tuch oder einen anderen Gegenstand vor/hinter/über/unter/auf den sitzenden beziehungsweise stehenden Hund.

Die Arbeit mit Kindern mit motorischen Beeinträchtigungen
Schwerpunkte der Arbeit

- In der Führung des Hundes treten die Kinder meist sicherer auf als in anderen Situationen. Schenken Sie motorisch beeinträchtigten SchülerInnen die Möglichkeit, sich über die Ermutigung des Hundes selbst zu ermutigen!
- Betonen Sie dem Kind gegenüber seine Verantwortung für das Tier!

Aktivitäten für motorisch beeinträchtigte Kinder
- Der/die SchülerIn führt den Hund – eventuell zu einem vorgegebenen Rhythmus – an der Leine.
- Das Kind erprobt gemeinsam mit dem Hund unterschiedliche Fortbewegungs-arten (laufen, kriechen, schleichen, watscheln, trippeln, stampfen, stolpern, hinken, hüpfen …).
- Der/die SchülerIn läuft mit dem Vierbeiner rückwärts.
- Der Hund liegt in der Raummitte; das Kind steigt oder springt über das Tier, läuft oder hüpft rechts herum oder links herum …
- Das Kind geht mit dem Hund durch den Raum. Auf einen Instrumentenschlag wird eine zuvor ausgemachte Hunde-Aufgabe durchgeführt (z. B. den Hund absetzen, aus dem Raum führen, füttern …).
- Das Kind wirft einen Luftballon hoch und fängt ihn wieder auf; vor dem Fangen wird dem Tier ein Kommando gegeben.

- Der/die SchülerIn fährt auf einem Rollbrett und führt den angeleinten Hund mit.
- Das Kind bewegt sich frei durch den Raum; auf ein vereinbartes Signal setzt sich der/die SchülerIn so schnell wie möglich in einen Reifen und ruft den Hund zu sich.
- Der/die SchülerIn läuft schnell mit dem Hund durch den Raum. Auf ein zuvor ausgemachtes Zeichen „erstarren" Kind und Tier.
- Das Kind springt gemeinsam mit dem Hund über eine Schnur oder kriecht durch einen Tunnel.
- Das Kind wirft einen Ball in einen Kübel, der Hund bringt ihn zurück.
- Der/die SchülerIn schießt mit dem rechten/linken Fuß den Ball zu dem Hund.
- Das Kind formt aus Zeitungspapier Bälle und wirft sie dem Hund zu.
- Der/die SchülerIn klemmt einen Ball zwischen den Beinen ein und bringt ihn dem Tier.

Die Arbeit zur Motivation „lernschwacher" Kinder
Schwerpunkte der Arbeit

- Setzen Sie den Vierbeiner gezielt ein, um lernschwache SchülerInnen zu motivieren!
- Die bloße Gegenwart des Hundes wirkt als ermutigender Katalysator: Kinder wagen sich an schulische Aufgaben heran, deren Bewältigung sie sich in anderen Situationen nicht zutrauen.

Aktivitäten für „lernschwache" Kinder
Verfassen von Texten

- Das Kind legt ein Heft an, in welches Erlebnisse mit dem Tier gezeichnet werden. Die Bilder werden in mündlicher oder schriftlicher Form beschrieben.
- Das Kind erzählt Erlebnisse aus den Hundestunden nach.

- Der/die SchülerIn fotografiert den Hund in verschiedenen Situationen und erstellt daraus eine Bildgeschichte.

Sprechen / Rollenspiele

- Das Kind erzählt nach, welche Aktivitäten beim letzten Hundebesuch in der Schule durchgeführt wurden.
- Der/die SchülerIn beschreibt ein zuvor gezeigtes Hundebild aus dem Gedächtnis.
- Das Kind bildet Sätze *(Ich koche eine ungesunde Hundesuppe und gebe … dazu)*. Bei jeder Satzwiederholung kommt zu den bisher genannten eine Zutat dazu.
- Der/die SchülerIn spielt den Hund und bildet vollständige Sätze *(Ich heiße …, Ich fresse …)*.
- Das Kind beenden begonnene Hunde-Sätze: *Mein Hund hat einen buschigen … (Schwanz). Er hat vier … (Pfoten). Er spielt gerne mit … (seinem Ball). Er frisst … (Hundefutter).*
- Hundetreffen: Zwei SchülerInnen spielen einander treffende Hunde und sprechen über ihre Ess- und Schlafgewohnheiten, über ihre BesitzerInnen …
- Verlustanzeige: Ein Kind kommt zur Polizei und beschreibt seinen verlorenen Hund.
- Hundevergabe: Ein(e) SchülerIn geht mit dem Hund zu einem anderen Kind und spielt, dass er/sie das Tier loswerden möchten. Das Gegenüber verbalisiert, weshalb es den Hund nicht mitnehmen kann.
- Tierarztbesuch: Ein(e) SchülerIn geht mit dem Hund zum „Tierarzt" und beschreibt die Symptome seiner Krankheit.

Lesen

- Das Kind setzt aus Buchstabenkarten einige Wörter zur Bezeichung eines Kommandos zusammen *(Sitz, Platz, Hier …)*.

- Der/die SchülerIn zieht aus Wortkarten mit Kommandos und erteilt dem Hund den entsprechenden Befehl.
- Das Kind zieht aus Wortkarten mit den Körperteilen des Hundes und berührt den entsprechenden Körperteil des Tieres.
- Der/die SchülerIn würfelt und liest der Anzahl entsprechend Sätze aus einer Lesemappe, die Texte zum Thema „Hund" enthält, vor.

Mathematik

- Das Kind zählt bis 20 oder 30; statt den Vielfachen von 2 beziehungsweise 3 sagt es das Wort *Hund*.
- Die Spielzeuge des Hundes werden nach geometrischen Grundformen geordnet (Kugel, Würfel, Pyramide).
- Das Kind formt aus der Hundeleine einen Kreis/ein Dreieck/ein Viereck und hat die Aufgabe, das Tier in der Form abzulegen.

Partner-und Gruppenarbeit

Die Partner- oder Gruppenarbeit ist angezeigt, wenn Sie

- ewigen „Streihanseln" die Chance geben möchten, einander zu begegnen;
- ängstlichen Kindern, die sich nicht trauen, allein mit dem Hund zu arbeiten, die Chance auf das Beisammensein mit dem Vierbeiner schenken möchten;
- Kindern, die sich kaum kennen, ein gegenseitiges „Beschnuppern" ermöglichen wollen;
- neuen SchülerInnen die Chance auf Annäherung an ein anderes Kind schenken möchten.

Schaffen Sie mit der Partnerarbeit ein Feld der Begegnung zwischen Kindern, die sonst kaum Kontakt miteinander haben! Grundsätzlich gilt:

- Jede der bisher aufgezeigten Übungen kann sowohl in Partner- als auch in Gruppenarbeit durchgeführt werden.
- Die Partner- und Gruppenarbeit fördert die verbale und nonverbale Kommunikation der SchülerInnen.
- Voraussetzung ist der Wille der Kinder zur Zusammenarbeit: Respektieren Sie ein *Nein!*

Die Arbeit mit zwei „aggressiven" Kindern
Schwerpunkte der Arbeit

- Wählen Sie vor allem beruhigende Aktivitäten! Insbesonders Spiele, bei denen das Thema Berührung groß geschrieben wird, und Spiele zur Förderung der Wahrnehmung ermöglichen den Kindern, loszulassen und sich dem Gegenüber „einmal anders" zu präsentieren.
- Versuchen Sie gemeinsam mit den Kindern, die Stille auszuhalten! Vermitteln Sie: Es tut gut, zur Ruhe zu kommen.

- Machen Sie Ihre Wertschätzung der Kinder spürbar!
  Nutzen Sie Ihre Vorbildrolle für die Beziehung der SchülerInnen.
- Wählen Sie Aktivitäten, die Kooperation beider Kinder erfordern!
  Dazu sind Such- und Ballspiele oder das Erarbeiten kleiner Kunststücke geeignet.
  Im Regelfall lernen die Kinder neue Wege des Miteinanders kennen.
- Die SchülerInnen nehmen in der tiergestützten Arbeit mehr aufeinander
  Rücksicht. Machen Sie in der Nachbesprechung die neuen Erfahrungen bewusst!
  (Ich kann warten, bis ich an der Reihe bin.)

Beispiel:

In der Arbeit mit zwei „aggressiven" Kindern ist immer wieder beobachtbar, dass sich ein Kind sehr leise verhält, wenn der/die MitschülerIn die Augen schließt. In der Nachbesprechung machen wir das Erlebte bewusst: **Du hast sehr gut auf dein Gegenüber Rücksicht genommen.**

Beispiel für eine Einheit mit zwei „aggressiven" Kindern

1. Phase: Aktivitäten, die Gespräche über das Verhalten in der Gruppe einleiten und der Bedürftigkeit der Kinder Raum geben

- LehrerIn und SchülerInnen führen ein Gespräch über Verhaltensweisen und einzuhaltende Regeln in der Partnerarbeit.
- Die Kinder spielen verschiedene Gefühlszustände auf unterschiedlichen Instrumenten. Wie geht es uns und dem Hund heute?
- Die SchülerInnen zerren gemeinsam mit dem Hund an einem Seil. Wer gewinnt?

2. Phase: Die Kinder zur Ruhe führen – Aktivitäten mit dem Schwerpunkt Berührung

- Die Kinder bürsten abwechselnd den Hund; der/die PartnerIn sieht zu oder gibt Anweisungen, wo das Tier gebürstet werden soll.
- Die SchülerInnen ertasten Körperteile des Tieres; der/die PartnerIn führt die Hände des Gegenübers.

- Die Kinder berühren die Lehrerin oder den Lehrer; der/die LehrerIn überträgt
  die Berührungen auf das Tier.
- Die SchülerInnen berühren sich gegenseitig und übertragen die Berührungen
  auf den Hund.

3. Phase: Sanfte Aktivierung durch die Kommandoarbeit – ruhiges Beenden der
Einheit

- Ein Kind führt den Hund an der Leine; die Partnerin oder der Partner gibt
  die einzuschlagende Richtung an.
- Die unterschiedlichen Kommandos an das Tier werden dem Klang verschiedener
  Orff-Instrumente zugeordnet. Ein(e) SchülerIn führt den angeleinten Hund
  und gibt dem Tier nach einem Instrumentenschlag des zweiten Kindes das
  entsprechende Kommando.
- Die SchülerInnen führen gemeinsam Suchspiele durch.
  Wer gibt dem Hund welches Kommando?
- Die Kinder wählen gemeinsam eine Aktivität.
- Nachbesprechung in stiller Atmosphäre:
  Was ist uns in dieser Einheit gut geglückt?

Die Arbeit mit zwei ängstlichen Kindern

- Ängstliche SchülerInnen trauen sich oft nur in Begleitung der besten Freundin oder des besten Freundes, mit dem Hund zu arbeiten.
- Legen Sie einen Schwerpunkt auf die Kommandoarbeit!
- Teilen Sie den SchülerInnen abwechselnd die Führungsrolle zu! Wenn ein ängstliches Kind den Partner oder die Partnerin ermutigt, zeigt es sich meist selbstbewusst und stark.
- Schenken Sie dem Kind die Chance, sich selbst einmal mutig zu erleben!
- Auch hier gilt: Verbalisieren Sie das Erlebte – besprechen Sie nach!

Beispiel für eine Einheit mit zwei ängstlichen Kindern

1. Phase: Ermutigung der Kinder/Einüben unterschiedlicher Befehle

- Die Kinder stehen auf einem Tisch oder Sessel. Der/die LehrerIn führt verschiedene Aktivitäten mit dem Hund durch.
- Die SchülerInnen experimentieren mit ihren Stimmen und erteilen dem Hund aus der Entfernung unterschiedliche Befehle.
- Die Kinder bestimmen durch Trommelschläge den Gehrhythmus der Lehrerin oder des Lehrers mit dem angeleinten Hund.

2. Phase: Kleine Kunststücke – Führung des Hundes; gegenseitige Ermutigung der Kinder

- Die Kinder arbeiten nun auf einer Ebene mit dem Hund. LehrerIn und SchülerInnen führen ein Wurfspiel mit einem Schaumstoffball oder -würfel durch. Nach dreimaligem Fangen wird der Ball oder Würfel dem Tier zugespielt.
- Die Kinder führen gemeinsam ein Suchspiel durch; wer erteilt dem Hund welches Kommando?
- Die SchülerInnen führen den Hund an der Leine durch den Raum und geben sich gegenseitig die Richtung vor.

- Ein Kind führt das Tier; das andere Kind bestimmt durch Instrumentenschläge, wann welcher Befehl erteilt wird.

3. Phase: Kleine Mutproben – Beenden der Einheit durch eine anregende Aktivität

- Die SchülerInnen führen den angeleinten Hund um den sitzenden oder liegenden Partner herum.
- Die Kinder haben die Aufgabe, über den liegenden Vierbeiner zu steigen, zu springen oder um ihn herumzulaufen.
- Die SchülerInnen locken den Hund unter den gegrätschten Beinen des Partners oder der Partnerin durch.
- LehrerIn und SchülerInnen besprechen die Einheit nach: Was ist uns in dieser Einheit gut geglückt?

PROBLEME? LÖSUNGEN!

Ich habe keinen eigenen Hund

Muss ich deshalb auf die hundegestützte Pädagogik verzichten? Nein! Das iemt (www.iemt.at), Institut zur Erforschung der Mensch-Tier-Beziehung, bietet Hundebesuchsdienste an: (www.schulhund.at)
Zum „Aufwärmen" berichten die Kinder über ihre eigenen Tiere. Anschließend lernen sie anhand von praktischen Beispielen das richtige Verhalten fremden Hunden gegenüber. (…) Die Kinder können das Gelernte mit dem Hund ausprobieren. Die Vortragenden gehen auf alle Fragen der Kinder ein und zeigen ihnen behutsam den richtigen Weg. Informationen über artgerechte Haltung, Pflege und Ernährung werden kindgerecht vermittelt. Am Schluss erhält jedes Kind das Büchlein ›Keine Angst vorm großen Hund‹ zum Nachlesen der wichtigsten Verhaltensregeln. Ein Besuch von ›Rund um den Hund‹ kostet 1,50 Euro pro Kind.[20]

Was kann ich tun, wenn ich bereits an der Direktion scheitere?

Haben Sie Verständnis und Geduld!
Aufgrund (noch) fehlender gesetzlicher Rahmenbedingungen ist durchaus nachvollziehbar, dass der Direktor/die Direktorin skeptisch reagiert.
Suchen Sie das Gespräch; stellen Sie beispielhaft Erfolge der tiergestützten Arbeit dar. Hilfreich kann auch die Vorlage eines Zeitungsartikels sein!
Belassen Sie es zunächst dabei – lassen Sie los! Möglicherweise wird sich die Schulleitung über die tiergestützte Arbeit erkundigen und in einiger Zeit von selbst an Sie herantreten.

20 Vgl. www.iemt.at

Wie gehe ich vor, wenn meine Kollegin nicht einverstanden ist?

Machen Sie im Gespräch spürbar, dass Sie die Vorbehalte verstehen.
Vielleicht finden Sie eine Alternative: Gibt es Unterrichtsstunden, in denen Sie
allein in der Klasse sind? Besteht die Möglichkeit, für eine Wochenstunde die Klasse
aufzuteilen, wobei die Gruppen jede Woche getauscht werden?
Können Sie am Nachmittag eine Stunde abhalten?

Was kann ich tun, wenn ein Kind große Angst vor dem Hund hat?

Bahnen Sie den Kontakt äußerst behutsam an:

- Führen Sie den angeleinten Hund bei offener Tür an der Klasse vorbei!
  Ihre Kollegin oder Ihr Kollege kann das Kind entlasten, indem sie/er locker
  über den Hund spricht (*Da schau, da geht der Luki vorbei!*).
- Bleiben Sie beim nächsten Mal mit dem angeleinten Hund in der Klassentür
  stehen. Sprechen Sie einige Zeit später Ihre Bewunderung des Mutes
  der Kinder aus!
- Ist Angst des Kindes spürbar? Erhöhen Sie das Kind räumlich!
  Stellen Sie sich hinter das Kind und sprechen Sie beruhigend auf die Schülerin
  oder den Schüler ein.
  Loben Sie jeden noch so kleinen Schritt in die richtige Richtung!

Was mache ich, wenn einige Eltern skeptisch sind?

Versuchen Sie nicht, die Eltern zu überreden. Machen Sie spürbar,
dass Sie die Ängste verstehen. Laden Sie zu einem Elternabend ein,
berichten Sie über die Ausbildung des Tieres und nehmen Sie Ihren Vierbeiner mit.
Die Ängste der Eltern baut am besten der Hund selbst ab!

Was kann ich tun, wenn die KollegInnenschaft mein Projekt negativ bewertet?

Nichts. Es ist sogar zu erwarten, dass Ihre Überzeugung auf Skepsis stößt.
Das Einzige, das Sie tun können, ist, den KollegInnen gegenüber Ihre Akzeptanz anderer pädagogischer Wege zu vermitteln.

Wie gehe ich vor, wenn der Kollege/die Kollegin gekränkt ist, weil ich mit meinem Projekt immer im Mittelpunkt stehe?

Suchen Sie das offene Gespräch unter vier Augen; musiziert oder zeichnet der/die LehrerIn mit den Kindern gerne? Überlegen Sie gemeinsam, welcher Bereich Ihrer Partnerin oder Ihrem Partner allein gehören könnte.

EVALUIERUNG DER TIERGESTÜTZTEN EINZELARBEIT

Sie möchten mit einzelnen Kindern arbeiten?
Erforschen Sie die Auswirkungen! Dokumentieren Sie!

Beobachtung
Vorgehen

- Überlegen Sie: In welchem Bereich könnte es bei diesem Kind Veränderungen geben (z. B. im Bereich Kommunikation, Aktivität, Gesichtsausdruck …)?
- Fertigen Sie einen Raster an! Tragen Sie vertikal die Einheiten (1. Einheit, 2. Einheit …) und horizontal die Bereiche (Kommunikation, Aktivität, Gesichtsausdruck …) ein!
- Halten Sie nach jeder Sitzung in dem entsprechenden Kästchen stichwortartig Ihre subjektiven Beobachtungen fest!
- Erstellen Sie zum Abschluss eine Falldarstellung. Diese sollte beinhalten:
  - Beschreibung des Kindes
  - Darstellung der Einheiten
  - Raster
  - Zusammenfassung der Beobachtungen

Beispiel für die entsprechende Falldarstellung

Beschreibung des Kindes

Der Schüler wurde am 30.9.1993 geboren; der Bub ist schwer sehbehindert.
S. nimmt innerhalb der Gemeinschaft eine Randposition ein und versucht stets, sich für starke Gruppenmitglieder interessant zu machen.
Während der Pausen sucht der Bub die Nähe der Gruppenführer, bei freier Partnerwahl wählt S. ein starkes Gruppenmitglied.
In schulischen Leistungsbereichen traut sich der Knabe nur wenig zu.

Beschreibung des Kindes anhand der Beobachtungsbereiche

Bereich Kommunikation: S. hat Schwierigkeiten mit situationsadäquater Kommunikation;
im Unterricht spricht der Bub leise und unverständlich.
Während der Pause sucht er häufig den Lehrertisch auf, gibt rasch einen Kommentar ab und
kehrt dann sofort wieder zu seinem Platz zurück. In eine Kindergruppe bringt sich der Bub
nur ungeschickt ein und tut sich schwer damit, zu erspüren, welches Verhalten angemessen
ist und welches als störend empfunden wird. Vor allem „schwächeren" Kindern gegenüber
zeigt sich der Bub oft unbeherrscht und mürrisch.

Bereich Berührung: Das Bedürfnis des Knaben nach körperlicher Nähe ist unauffällig:
S. sucht weder die Nähe seiner Mitmenschen noch meidet er sie in besonderem Maß.

Bereich Aktivitätsniveau: S.s Aktivitätsniveau ist unauffällig: Das Kind kann sowohl
offenherzig seiner Freude Ausdruck verleihen als auch konzentriert arbeiten.

Bereich emotionale Befindlichkeit: S. wirkt unausgeglichen und reizbar.
Wenn dem Buben etwas nicht passt, „rutscht" ihm schnell ein Schimpfwort heraus.

Darstellung der Einheiten

Die erste Einheit mit S. hatte eine „Orientierungsfunktion": Der Bub wurde im freien,
ungelenkten Umgang mit dem Hund beobachtet, um weitere Schritte planen zu können.
Darüber hinaus sollte der Knabe im Bürsten des Hundes zur Ruhe kommen.
In der zweiten Einheit führten wir nach kurzer freier Spielphase und Bürsten des Hundes
Berührungsspiele mit direkter Berührung durch mich durch.
Die dritte Einheit hatte erneut einige Aktivitäten zum Thema „Berührung" zum Schwerpunkt.
In der vierten Einheit wurden Übungen zur Schulung der haptischen und der visuellen
Wahrnehmung durchgeführt.
Nach den Übungen zur Kommandoarbeit durfte der Bub in der 5. Einheit seinen
MitschülerInnen von seinen Erlebnissen erzählen.
Zum Abschluss führte S. ein kleines Kunststück vor.

Raster zu den Beobachtungen

Kind: Samuel
Alter: 8 Jahre
Phänomenologie: sehbehindert; Außenseiter; schließt sich starken Kindern an; aggressiv zu schwachen Kindern
Klasse: der Verfasserin
Zeitraum: 9/01-10/01
Sonstiges: Die letzte Einheit fand im Klassenverband im Zuge einer kleinen Vorführung statt.

	Kommunikation			Berührung			Aktivitätsniveau	Emotionale Befindlichkeit	
	Lehrer	Hund	nonverbal	Lehrer	Hund	Wunsch	laut / leise	Mimik / Lachen	Weinen / Angst
1. Sitzung	spricht sehr wenig, aber liebevoll mit mir; eher reaktiv	spricht liebevoll und weich mit dem Hund	kommuniziert über Bürsten und Berührung mit dem Hund, fühlt sich ein	keine Gelegenheit	bürstet und berührt den Hund liebevoll, eigeninitiativ	sucht Nähe und Berührung des Hundes	sehr ruhig; sammelt sich beim Bürsten	lächelt, als er den Hund bürstet	nicht merkbar
2. Sitzung	spricht eigeninitiativ und sicherer als im Unterricht mit mir	spricht liebevoll, leise und fröhlich mit dem Hund; gibt immer festere Kommandos	kommuniziert über Bürsten und Berührung mit dem Hund, fühlt sich ein	nimmt meine Berührungen an	bürstet und berührt den Hund liebevoll, eigeninitiativ	sucht Nähe und Berührung des Hundes	ruhig; sammelt sich beim Berührungsspiel und Bürsten; wird ausgelassen im Spiel	lächelt; lacht	hat ein wenig Angst
3. Sitzung	spricht leise, aber mehr als bei vorigen Sitzungen	spricht liebevoll und weich mit dem Hund; gibt dem Hund feste Kommandos	kommuniziert über Bürsten und Berührung mit dem Hund, fühlt sich ein	berührt mich liebevoll	bürstet und berührt den Hund liebevoll, eigeninitiativ	sucht Nähe und Berührung des Hundes; kann Berührung nehmen und geben	allgemein sehr ruhig; sammelt sich beim Berührungsspiel	lächelt zufriedener als bei 2. Sitzung; vor allem, als der Hund gehorcht	hat Angst, als er seinen Kopf auf den Hund legen will
4. Sitzung	spricht leise, aber mehr als bei vorigen Sitzungen	gibt dem Hund klare, deutliche Kommandos; spricht liebevoll mit dem Hund	kommuniziert über Berührung und Spiel mit dem Hund, fühlt sich ein	nimmt meine Berührung an	berührt den Hund liebevoll, eigeninitiativ	sucht Nähe und Berührung des Hundes; kann Berührung nehmen und geben	wechselhaft; sammelt sich beim Berührungsspiel; aktiv bei Kommandoarbeit	lächelt die gesamte Zeit über	nicht merkbar
5. Sitzung	spricht vor der Klasse viel und laut	gibt dem Hund vor der Klasse feste Kommandos	kommuniziert über Berührung und Spiel mit dem Hund, fühlt sich ein	keine Gelegenheit	berührt den Hund liebevoll, eigeninitiativ	sucht Nähe und Berührung des Hundes	ausgelassen; heil und zufrieden	lächelt die gesamte Zeit über	nicht merkbar

Zusammenfassung der Beobachtungen

Die Arbeit fand vom xy bis zum xy in wöchentlichen, halbstündigen Einzelsitzungen statt.

Bereich Kommunikation: Von der ersten Sitzung an fiel das gute Einfühlungsvermögen des Buben auf. S. sprach liebevoll mit Luki. Bei den Berührungsspielen wurde das Kind sehr leise, um schließlich völlig zu schweigen.
Die Kommandoarbeit des Buben hat sich zunehmend verbessert; S. gewann an Sicherheit. Auch vor der Klasse gab S. klare, deutliche Befehle.
Die Kommunikation mit mir und dem Tier ist insgesamt betrachtet mehr geworden. S. sprach sowohl mich als auch den Hund häufig in Form von ganzen Sätzen an. Entsprechend erzählte S. seinen MitschülerInnen fröhlich plaudernd, was er schon alles kann.
Dies fiel besonders im Vergleich zu anderen Situationen im Unterricht, in welchen die Kinder frei erzählen und die den Buben nicht zu derartigen mündlichen Leistungen anspornen, auf.

Bereich Berührung: S. suchte den Körperkontakt sowohl zu mir als auch zu dem Tier und bürstete den Hund auf liebevolle Weise. Selbst im Klassenverband suchte S. zunehmend mehr die körperliche Nähe zu Luki und verlor ein wenig von seiner anfänglichen Scheu. Nach der kleinen Vorführung im Klassenverband streichelte S. den Hund zum Dank.

Bereich Aktivitätsniveau: S. wirkte beim Bürsten des Hundes und bei sämtlichen Berührungsaktivitäten ruhig und zufrieden.
Aktiver wurde der Bub bei der Vorführung von Kunststücken oder bei der Präsentation seiner Arbeit vor den MitschülerInnen.

Bereich emotionale Befindlichkeit: Nachdem zu Beginn der Arbeit ein wenig Angst spürbar war, zeigte sich der Bub zunehmend sicherer und lächelte meist vor sich hin, vor allem beim Bürsten des Hundes. Selbst bei der Vorführung vor der Klasse wirkte S. zufrieden.

Interview
Vorgehen

- Möchten Sie von den Eltern oder LehrerkollegInnen nach dem Ende der hundegestützten Arbeit eine Rückmeldung? Überlegen Sie Fragen, die Sie interessieren, und erstellen Sie einen Interviewleitfaden!
- Achten Sie dabei darauf, die Fragen *offen* zu formulieren, also die Eltern möglichst nicht mit *Ja* oder *Nein* antworten zu lassen.
- Vereinbaren Sie ein Treffen mit den Eltern. Fragen Sie nach, ob Sie das Gespräch auf einem Diktiergerät aufnehmen dürfen!
- Stellen Sie nacheinander Ihre Fragen und lassen Sie die Eltern antworten.
- Tippen Sie später das Interview wörtlich ab, nummerieren Sie die Zeilen. Fassen Sie die wesentlichen Aussagen innerhalb der einzelnen Bereiche zusammen.
- Erstellen Sie eine Falldarstellung! Diese sollte beinhalten:
    - Beschreibung des Kindes
    - Darstellung der Einheiten
    - Interviewleitfaden
    - Zusammenfassung der Aussagen aus dem Interview.

Beispiel für die entsprechende Falldarstellung

Beschreibung des Kindes

F. wurde am 27.07.1990 geboren und besucht die zweite Klasse Hauptschule des Sonderpädagogischen Zentrums. Der Bub zeigt bei durchschnittlicher Begabung massive Auffälligkeiten in seinem Verhalten (beschimpft andere, stört ständig den Unterricht …) und hat große Konzentrationsprobleme.
F. ist korpulent und trägt eine Brille mit sehr dicken Gläsern. Dazu kommt, dass der Bub häufig in seinem Gesicht oder auf den Händen mit Filzstiftstrichen bemalt ist.

F. war vor einiger Zeit stationär auf der Heilpädagogischen Station des
Allgemeinen Krankenhauses in Wien aufgenommen;
die Mutter begann mit dem Kind bereits unterschiedliche Therapien,
brach sie jedoch immer wieder ab, weil sie – nach eigener Aussage – „ohnehin
nichts bringen".

Beschreibung des Kindes anhand der Beobachtungsbereiche

Bereich Kommunikation:
Im Einzelgespräch kann man sich gut mit F. unterhalten.
Der Bub sieht seinem Gegenüber zwar nicht in die Augen,
spricht aber in adäquater Lautstärke und themenbezogen.
In der Gruppe beschimpft F. häufig andere SchülerInnen und
zeigt sich auch seinen Lehrkräften gegenüber frech und vorlaut.
Der Bub stört ständig den Unterricht.

Bereich Berührung:
Nach Aussage seiner Klassenlehrerin sehnt sich F. stark nach Berührungen durch
andere Personen. Vor allem fällt auf, dass sich das Kind im Unterricht schnell
beruhigt, wenn ihm die Lehrperson eine Hand auf die Schulter legt.
F. bringt sein Bedürfnis nach Nähe jedoch nur unzureichend zum Ausdruck.

Bereich Aktivitätsniveau:
Im Unterricht fällt es F. sehr schwer, zur Ruhe zu kommen.
Der Bub spielt häufig mit kleinen Gegenständen.
Die Lehrerin schreibt in einer Stellungnahme:
F. beschäftigt sich gerne mit seiner Spucke, beobachtet diese, wenn sie aus seinem Mund
über seine Finger läuft, verschmiert sie unter seiner Unterlage. Er versucht auch andere
Kinder damit zu beschmieren (...).
F. benötigt eigentlich eine ständige Einzelbetreuung. Nur in dieser ruhigen
Arbeitssituation arbeitet der Bub konzentriert.

Bereich emotionale Befindlichkeit:

F. wirkt zutiefst entmutigt und sehr leicht reiz- und verletzbar durch Bemerkungen anderer SchülerInnen. Der Bub scheint sich bereits damit abgefunden zu haben, ewiger „Sündenbock" zu sein und traut sich nicht zu, auf Beschimpfungen seiner MitschülerInnen anders als durch Schläge zu reagieren.

Dementsprechend erzählte mir F. kürzlich, dass es für ihn sehr schwer sei, auf „Gemeinheiten" anderer nicht durch Aggression zu reagieren. F. betonte: *Wenn ich nicht sofort reagiere, bleibt dieses Schimpfwort in meinem Kopf und lässt mich nicht mehr los.*

Bereich Selbstbewusstsein:

Das Selbstbewusstsein ist gering. Laufend versucht der Bub, durch unangemessene Weise auf sich aufmerksam zu machen. Beispielsweise zeigte F. wiederholt anderen Kindern seine Geschlechtsorgane und urinierte in der Schultoilette auf den Boden.

Bereich Beziehungen:

F. sehnt sich nach Freundschaften und versucht ständig, Kontakt zu knüpfen. Dabei wählt der Bub nicht den direkten Weg des Gesprächs, sondern den indirekten Weg, indem er beispielsweise Gegenstände seiner MitschülerInnen versteckt. Häufig beschwert sich F. über die „Frechheiten", die sich andere SchülerInnen ihm gegenüber herausnehmen, selbst wenn er eine Stunde vorher diese Kinder noch als seine Freunde bezeichnet hätte. Erschwerend kommt hinzu, dass F. im Spiel stets gewinnen möchte. So unterbindet der Bub seine Versuche, Kontakte zu knüpfen, immer wieder selbst. Aufgrund seiner ständig wechselnden, unberechenbaren Verhaltensweisen schenken ihm die MitschülerInnen kein Vertrauen.

Darstellung der Einheiten

In der ersten Einheit zeichnete sich F. in Gegenwart des Hundes und beschriftete das Bild mit den Worten *Hundestunde, bitte nicht stören!*
Zudem erstellten wir Regeln für die Einzelarbeit.
Zum Abschluss zerrte F. gemeinsam mit dem Hund an einem Seil.

Nach dem Kennenlernen erschien mir die gezielte Stärkung des Selbstbewusstseins unerlässlich.

In der zweiten Einheit planten wir daher eine Hunde-Vorführstunde in einer Volksschulklasse. F. sollte vor jüngeren Kindern als Hunde-Experte auftreten.

Die dritte Einheit fand im Klassenverband dieser Volksschulklasse statt: F. gestaltete mit meiner Unterstützung eine Vorführstunde, in welcher er sowohl auf die Körperteile des Hundes als auch auf die Gegenstände, die der Vierbeiner benötigt, einging.

In der vierten Einheit führten wir Aktivitäten zur Sensibilisierung der Wahrnehmung durch. (Der Bub sollte beispielsweise mit verbundenen Augen das Tier finden.)

Auch die letzte Einheit hatte die Sensibilisierung der Wahrnehmung zum Schwerpunkt, wobei behutsam Berührungsspiele integriert wurden.

Der Bub übertrug mit verbundenen Augen selbst erspürte Berührungen auf den Hund und führte Hörspiele durch.

Interviewleitfaden

Was glauben Sie, hat das Kind durch die Arbeit mit Luki gelernt?
Was hat sich am Verhalten des Kindes geändert?

Bereich Kommunikation:
Wie spricht das Kind damals/heute mit anderen Kindern?
Wie spricht das Kind damals/heute mit anderen Erwachsenen?
Wie spricht das Kind mit dem Hund im Vergleich zu anderen Situationen?
Was fällt Ihnen an der nonverbalen Kommunikationsfähigkeit des Kindes damals/ heute auf?
Wie schätzen Sie das Einfühlungsvermögen ein?

Bereich Berührung:
Wie schätzen Sie das Bedürfnis des Kindes nach körperlicher Nähe und seine Fähigkeit, diese zu zeigen früher und heute ein?

Bereich Aktivitätsniveau:
Wie schätzen Sie das Aktivitätsniveau des Kindes im Vergleich zu früher ein?

Bereich emotionale Befindlichkeit:
Was fällt Ihnen am Gesichtsausdruck des Kindes auf?
Was fällt Ihnen hinsichtlich des Lachens des Kindes im Vergleich zu früher auf?
Was fällt Ihnen hinsichtlich des Weinens des Kindes im Vergleich zu früher auf?
Was fällt Ihnen hinsichtlich ängstlichen Verhaltens des Kindes im Vergleich
zu früher auf?

Bereich Selbstbewusstsein:
Wie schätzen Sie das Selbstbewusstsein des Kindes früher und heute ein?

Bereich Beziehungen:
Wie schätzen Sie die Sozialkontakte des Kindes im Vergleich zu früher ein?
Wie beurteilen Sie das Spielverhalten des Kindes mit anderen Kindern
früher und heute?
Wie beurteilen Sie die Art der gespielten Spiele im Vergleich zu früher?
Was bedeutet Ihrer Meinung nach die Arbeit mit Luki für das Kind?

Darstellung des Interviews mit der Kindesmutter

Nach Aussage der Mutter hat F. seit Beginn der Hundearbeit zwei Mal das Bett
genässt, und zwar immer am Tag nach der Hundestunde.
Die Mutter ist daher überzeugt, dass „endlich etwas in Bewegung kommt".
Vor allem ist ihr aufgefallen, dass sich ihr Sohn nach den Einheiten in seinem
Verhalten mehr zusammenreißt und an diesen Tagen gute Vorsätze fasst.

Bereich Kommunikation:
Im Kommunikationsverhalten konnten keine Änderungen bemerkt werden.

Bereich Berührung:
Es konnten keine Veränderungen registriert werden.

Bereich Aktivitätsniveau:
F. braucht laut Aussage der Mutter immer ein bisschen, bis er von der Hundestunde erzählt, taut dann aber doch nach ein bis zwei Tagen auf und erzählt begeistert von der Arbeit.

Bereich emotionale Befindlichkeit:
Laut Aussage der Mutter hat sich F. vor der Mathematikschularbeit sehr gefürchtet, vor der Englischschularbeit, die am Tag des Interviews stattfindet, jedoch überhaupt nicht. Darüber hinaus fällt der Mutter auf, dass F. in letzter Zeit sehr angerührt ist und sehr viel träumt, an das er sich am nächsten Tag nicht mehr erinnern kann.

Bereich Selbstbewusstsein:
Frau P. ist der Auffassung, dass „die Hundestunden sehr gut für das Selbstbewusstsein des Kindes sind".

Bereich Beziehungen:
In diesem Bereich konnten keine Änderungen bemerkt werden.

DIE 10 GOLDENEN REGELN FÜR DEN UMGANG MIT EINEM HUND IN DER KLASSE
Ein Check-up für ein gelungenes Projekt

1. Haben Sie den Mut, Ihren Weg zu finden!

Der Erfolg des tiergestützten Projekts lebt von Ihrem Engagement, das Raum zur Entfaltung braucht. Nutzen Sie die Projekte Anderer als wertvolle Wegweiser und ermutigende Beispiele, versuchen Sie aber niemals zu kopieren. Ausgangspunkt ist die Frage: Wo spüre ich selbst Potenzial für die tiergestützte Arbeit?

2. Lassen Sie sich Zeit!

Sofern es sich organisieren lässt, reicht eine Einheit tiergestützte Arbeit in der Woche für den Anfang völlig aus. Bedenken Sie: Auch die Beobachtung etwaiger Veränderungen braucht Zeit und Energie!

3. Akzeptieren Sie, dass nicht alle Menschen Hunde mögen!

Begegnen Sie nicht nur den KollegInnen, sondern vor allem auch Ihrem Schulwart mit Achtung! Kein(e) LehrerIn kann dazu verpflichtet werden, im Lehrerzimmer auf Ihren Hund zu stoßen; keinem Schulwart und keiner Schulwartin ist zuzumuten, Hundehaare und Pfotenabdrücke Ihres Vierbeiners zu entfernen. Setzen Sie auf Kooperation!

4. Seien Sie flexibel!

Legen Sie sich nicht zu sehr auf einen bestimmten Hundebesuchstag fest – lassen Sie die konkrete Hilfe dort ansetzen, wo sie gebraucht wird! Der Hund darf ruhig auch einmal „Feuerwehr" spielen, wenn es einem Kind schlecht geht.

5. Investieren Sie Zeit in Evaluation und Projektdokumentation!

Die tiergestützte Pädagogik und Therapie muss immer wieder um ihre Anerkennung in der Öffentlichkeit bangen. Genaue Dokumentation und Evaluation sind nicht nur Basis eines qualitativ hochwertigen Projekts, sondern geben vor allem Ihnen die Sicherheit, wirklich hinter Ihrer Sache stehen zu können.

6. Suchen Sie das Gespräch mit den Eltern!

Fragen Sie die Eltern am Morgen oder nach Unterrichtsschluss nach ihrem Eindruck. Vermitteln Sie Bereitschaft zu Kooperation!

7. Präsentieren Sie Ihr Projekt!

Fertigen Sie Folder über Ihre Arbeit an, gestalten Sie eine Fotoausstellung für den Tag der offenen Tür an Ihrer Schule, schreiben Sie einen kleinen Beitrag in einer pädagogischen Zeitschrift! Und vor allem: Seien Sie kreativ!

8. Besinnen Sie sich auf die Stärken Ihres Hundes!

Manche Therapiehunde sind von sehr ruhigem und ausgeglichenem Wesen, andere haben besonderen Spaß an Training und Kommandoarbeit. Was kann Ihr Hund besonders gut? Seine Stärken sind zugleich Stärken Ihres Projekts!

9. Haben Sie Geduld mit sich selbst!

Es ist noch kein Meister vom Himmel gefallen. Die Projektentwicklung kann mitunter Jahre dauern. Lassen Sie sich Zeit, in die Sache hineinzuwachsen!

10. Haben Sie Spaß und Freude an Ihrer Arbeit!

LINKS

www.tiergestuetzte-therapie.de
Internetportal für Tiergestützte Therapie und Pädagogik

www.iahaio.org
International Association of Human-Animal Interaction Organizations
Internationaler Dachverband der Institute für die interdisziplinäre Erforschung der
Mensch-Tier-Beziehung

www.deltasociety.org
Delta Society, USA

www.iemt.at
Institut für interdisziplinäre Erforschung der Mensch-Tier-Beziehung in Österreich
Internationale Forschungstätigkeit
Gründungsmitglied der IAHAIO

www.schulhund.at
Hundebesuchsprojekt des iemt

www.tierealstherapie.org
Verein *Tiere als Therapie*
Therapiehundeausbildung, Universitätslehrgang zur akademisch geprüften Fachkraft
für tiergestützte Therapie und tiergestützte Fördermaßnahmen

www.schaeferhund.at
Verband der deutschen Schäferhunde
Therapiehundeausbildung

www.tiere-helfen-leben.at
Verein *Tiere helfen Leben*
Therapiehundeausbildung

www.therapiehunde.at
Rettungshunde Niederösterreich
Therapiehundeausbildung

www.tghp.at
Institut Vanek-Gullner – Zentrum für tiergestützte Heilpädagogik – TGHP®
Arbeit mit verhaltensauffälligen Kindern und Hunden
Lehre der Methode, Seminare, Anlaufstelle für LehrerInnen

www.tierpsychologie.at
Homepage von Denise Seidl, wissenschaftlich ausgebildete Tierpsychologin in Wien.
Auswahl des Hundes, Eignungstest zur tiergestützten Therapie, Verhaltensprobleme

www.mobile-hundeschule.at
Individuelle Hundeausbildung
Hilfe bei Verhaltensproblemen mit Ihrem Hund

www.lernen-mit-tieren.de
Institut für soziales Lernen mit Tieren, Deutschland
Ausbildungslehrgänge in tiergestützter Pädagogik und Therapie

www.turner-iet.ch
Schweizer Institut für angewandte Ethologie und Tierpsychologie
Kurse in tierpsychologischer Beratung
Kurse und Seminare in tiergestützter Therapie, Beratung und Fördermaßnahmen

www.mensch-heimtier.de
Deutscher Forschungskreis *Heimtiere in der Gesellschaft*

www.thmev.de
Verein *Tiere helfen Menschen,* Deutschland

www.gtta.ch
Gesellschaft für tiergestützte Therapie und Aktivitäten

LITERATUR

ALLEN, K.:
> *Wie Heimtiere die Gesundheit und die Lebensqualität des Menschen verbessern.*-
> In: AFIRAC (Hrsg.): *The changing roles of animals in society.* 8th International
> Conference on Human-Animal-Interactions. Prague, 1998.

BECK, A; KATCHER, A.:
> *Between pets and people: The importance of animal companionship.*- Indiana:
> Purdue University Press, 1996.

BEETZ, A.; FORD, G. (Hrsg.):
> *Tiere als therapeutische Begleiter.* - Höchberg: Verein Tiere helfen Menschen
> e.V. Eigenverlag, 2001.

BEETZ, A.:
> *Children and Animals.*- Unveröffentlichtes, persönlich zugesandtes
> Manuskript. O.A.

BERGESEN, F.J.:
> *The effects of the pet facilitated therapy on the self-esteem and sozialization of*
> *primary school children.*- In: AFIRAC (Hrsg.): International Conference on the
> relationship between humans and animals. Monaco, 1989.

BERGLER, R.:
> *Warum Kinder Tiere brauchen.*- Freiburg im Breisgau: O.A., 1994. S. 77-91.
>
> *Erziehungsförderung bei Kindern und Jugendlichen durch Haltung von*
> *Heimtieren.*- Forschungskreis Heimtiere in der Gesellschaft. Hamburg:
> Eigenverlag, O.A.

BORTENSCHLAGER, H.; REIFBERGER, M.:
> *Spiele aus der Praxis;* Skriptum des Vereins Tiere als Therapie - Oberösterreich,
> O.A.

CLAUS, A.:

Tierbesuch und Tierhaltung im Krankenhaus.- Dissertation. München, 2000.

CORSON, S. et al:

Pet faciliated psychotherapy in a hospital setting.- Current Psychatrric Therapies 15, 1975. pp. 277-286.

Pet dogs as nonverbal communication links in hospital psychiatry.- Comprehensive Psychiatry 18 (1), 1977. pp. 61-72.

CORSON. S.; CORSON, E.:

Pets as mediators of therapy.- Current Psychiatric Therapies 18, 1978. pp. 195-206.

ENDENBURG, N.; BAARDA, B.:

The role of pets in enhancing human well-being: Effects on child development.- In: ROBINSON: *The Waltham Book of Human-animal interaction.* Exeter: Pergamon, 1995.

ENDENBURG, N:

The influence of companion animals on the physical and psychological well-being of humans.- Tijdschr Diergeneeskunde 117 (Suppl 1), 1992. p. 56.

FILIATRE, J.C. et al:

Neue Erkenntnisse über das Kommunikationsverhalten zwischen dem Kleinkind und seinem Hund.- In: IEMT (Hrsg.): Die Mensch-Tier-Beziehung. Wien: Eigenverlag, 1983. S. 53ff.

FORSCHUNGSKREIS HEIMTIERE IN DER GESELLSCHAFT

Von Menschen und Heimtieren.- Hamburg: Eigenverlag, (Hrsg.): 1988.

Kinder brauchen Tiere.- Hamburg: Eigenverlag, O.A.

FRIEDMANN, E.:

The value of pets for health and recovery.- In: BURGER, I.H. (Hrsg.): Waltham Symposium 20, 1990. pp. 8-17.

GREIFFENHAGEN, S.:

Tiere als Therapie. München: Droemersche Verlagsanstalt, 1991.

Ergebnisse der Wissenschaft.- In: BEETZ, A.; FORD, G.: Tiere als therapeutische Begleiter.- Verein Tiere helfen Menschen e.V. Höchberg: Eigenverlag, 2001.

GUTTMANN, G. et al.:

Einfluss der Heimtierhaltung auf die nonverbale Kommunikation und die soziale Kompetenz bei Kindern.- In: Die Mensch-Tier-Beziehung. Wien: Eigenverlag IEMT, 1983.

IEMT (Hrsg):

Die Mensch-Tier-Beziehung.- Dokumentation des Internationalen Symposiums. Wien: Eigenverlag, 1983.

KATCHER, A.; BECK, A.:

New perspectives on our lives with companion animals.- Philadelphia:University of Pennsylvania Press, 1983.

Sicherheit und Vertrautheit.- In: Die Mensch-Tier-Beziehung. Wien: Eigenverlag IEMT, 1983. S. 131.

Dialogue with animals.- Trans Stud Coll Physicians Phila 8 (2), 1986. pp. 105-112. Health and caring for living things.- Anthrozoos I(3), 1987. pp. 175-183.

KATCHER, A.; FRIEDMANN, E.:

Potential health value of pet ownership.- Comp Cont Ed. Pract Vet 11(2), 1980. pp. 117-122.

KOTRSCHAL, K.; BROMUNDT, V.; FÖGER, B.:

Faktor Hund.- Wien: Czernin-Verlag, 2004.

LEVINSON, B.:

The dog as a Co-therapist.- Amer Psychol 16, 357, 1961. p. 357.

Pet-oriented child-psychotherapy.- Illinois, USA: Charles C Thomas Publisher, 1969.

Pets and human development.- Illionois, USA: Charles C Thomas Publisher, 1972.

Foreword.- In: ARKOW, P. (Hrsg.): *Dynamic Relationship in Practise:* Animals in Helping Professions. Alameda, CA. Latham Foundation, 1984.

LOCKWOOD, R.:

The influence of animals on social perception.-In: KATCHER, A.; BECK, A. (Hrsg.): *New perspectives on our lives with companion animals.* Philadelphia, USA: University of Pennsylvania Press, 1983. pp. 64-71.

LORENZ, K.:

So kam der Mensch auf den Hund.- München: Deutscher Taschenbuch Verlag, 1965.

MCCULLOCH, M.:

Therapie mit Haustieren – eine Übersicht.- In: Die Mensch-Tier-Beziehung. Wien: Eigenverlag IEMT, 1983.

OLBRICH, E.; BEETZ, A.:

Tiergestützte Therapie – Was wirkt?.- In: BEETZ, A.; FORD, G.: Tiere als therapeutische Begleiter. Würzburg: Eigenverlag Tiere helfen Menschen, 2001.

OLBRICH, E.:

Tiere in der Therapie: Wie helfen sie?- In: Unser Rassehund 2/97. S. 113-116. 3/97. S. 4-8.

Tiere in der Therapie. Zur Basis einer Beziehung und ihrer Erklärung. In: FORD, G.; OLBRICH, E.: Tiere helfen Menschen. Ein Bericht über das Seminar anlässlich des zehnjährigen Bestehens des Vereins „Tiere helfen Menschen e.V.".- Würzburg: Eigenverlag, 2000.

Menschen brauchen Tiere. Tiere brauchen Menschen.- Persönlich zugesandtes
Manuskript, Universität Erlangen, O.A.

OLBRICH, E.; OTTERSTEDT, C.:
*Menschen brauchen Tiere. Grundlagen und Praxis der tiergestützten Pädagogik
und Therapie.*- Stuttgart: Kosmos, 2003.

ORTBAUER, B.:
*Auswirkungen von Hunden auf die soziale Integration von Kindern in
Schulklassen.*- Unveröffentlichte Diplomarbeit. Wien, 2001.

OTTERSTEDT, C.:
Die heilende Wirkung von Tieren auf den Menschen.- In: BEETZ, A.; FORD, G.:
Tiere als therapeutische Begleiter. Verein Tiere helfen Menschen e.V. Höchberg:
Eigenverlag, 2001.

Tiere als therapeutische Begleiter.- Stuttgart: Kosmos Verlag, 2001.

SCHLAPPACK, O.:
*G'sund mit Hund. Die gesundheitsfördernden Effekte der Beziehung zwischen
Mensch und Tier.*- Leoben/Wien: Kneipp Verlag, 1998.

TEUTSCH, G.:
Kinder und Tiere. Von der Erziehung zum mitgeschöpflichen Verhalten.- In:
Unsere Jugend, 1980. S. 435ff.

VANEK-GULLNER, A.:
Der Hund als „Ersatz-Pädagoge".- In: Unsere Hunde. Dezember 2002.

Das Projekt „Tiergestützte Heilpädagogik".- In: Erziehung & Unterricht. Wien:
ÖBV, 5-6/2002.

Das Konzept „Tiergestützte Heilpädagogik – TGHP".- In: Heilpädagogik. Heft
4/2002.

Schwierige" Kinder – helfender Hund: Über ein besonderes Projekt.- In:
Integrationsjournal 1/03.

Tiergestützte Heilpädagogik – ein individualpsychologischer Beitrag zur Verbesserung der Lebensqualität verhaltensauffälliger Kinder.- In: Olbrich, E; Otterstedt, C: Menschen brauchen Tiere. Grundlagen und Praxis der tiergestützten Pädagogik und Therapie. Stuttgart: Kosmos, 2003.

Das Konzept Tiergestützte Heilpädagogik – TGHP. Ein individualpsychologischer Beitrag zur Verbesserung der Lebensqualität verhaltensauffälliger Kinder.- Reihe der Dissertationen der Universität Wien. Wien: WUV, 2003.

Tiergestützte Pädagogik – eine Chance für die Integration schwieriger Kinder. In: Heilpädagogik. Heft 4/2004.

ZIMMERMANN, F.:

Angstbewältigung bei hundephobischen Kindern.- In: BEETZ, A.; FORD, G. (Hrsg.): *Tiere als therapeutische Begleiter.*- Verein Tiere helfen Menschen e.V. Höchberg: Eigenverlag, 2001.

DIE AUTORIN

Mag. Dr. Andrea Vanek-Gullner, geboren 1973, verheiratet;
Lehrerin, Mutter und Hundebesitzerin aus Leidenschaft.

Ihr Labrador Retriever Luki ließ Andrea Vanek-Gullner erstmals die heilende Wirkung der Hunde spüren. Sie entwickelte in ihrer Schulklasse des Sonderpädagogischen Zentrums Zinckgasse die „Tiergestützte Heilpädagogik-TGHP®", eine Methode zur Arbeit mit verhaltensauffälligen Kindern. Das Konzept ist in ihrer Dissertation wissenschaftlich belegt.

Das 2002 gegründete Institut Vanek-Gullner – Zentrum für „Tiergestützte Heilpädagogik-TGHP"® ist Anlaufstelle für Eltern, Kinder und LehrerInnen.
Seit 2004 veranstaltet Andrea Vanek-Gullner Ausildungslehrgänge in ihrer europaweit einzigartigen Methode.

Andrea Vanek-Gullner ist Lehrbeauftragte der kirchlichen pädagogischen Hochschule in Wien,
Referentin im In-und Ausland im Bereich Tiergestützte Pädagogik (Dozentin im Rahmen der Weiterbildung „Tiergestützte Pädagogik/Therapie" am Institut für soziales Lernen mit Tieren in Hannover/Wedemark),
Seminarleiterin in der Lehrerfortbildung und Autorin zahlreicher Fachartikel.

Vanek-Gullner, Andrea
Kinder in Liebe disziplinieren
Schwierige Klassen führen
13 Goldene Regeln
Kt., 88 Seiten,
ISBN: 3-209-05346-4